Kerstin Müllers

Sei mit uns in deiner Liebe

KERSTIN MÜLLERS

Sei mit uns in deiner Liebe

GEBETE UND TEXTE FÜR

DAS KIRCHENJAHR

neukirchener

Für meine Familie
Michael, Lina, Simon, Jakob und Ben

MIX
Papier aus verantwortungsvollen Quellen
FSC® C014138

Bibliografische Information der Deutschen Nationalbibliothek: Die Deutsche Nationalbibliothek verzeichnet diese Publikation in der Deutschen Nationalbibliografie; detaillierte bibliografische Daten sind im Internet über http://dnb.d-nb.de abrufbar.

Umschlaggestaltung: Miriam Gamper-Brühl, Essen, www.3kreativ.de
Coverfoto: © Shutterstock/svitlini
Lektorat: Sarah Müller, München
DTP: Magdalene Krumbeck, Wuppertal
Verwendete Schriften: Skala, Cronos Pro
Gesamtherstellung: Finidr, s.r.o.
Printed in Czech Republic
ISBN 978-3-7615-6910-8

www.neukirchener-verlage.de

Inhalt

Vorwort

Gott möchte Menschen begegnen – und Gott begegnet durch Menschen

Manchmal setzt sich Gott ganz unerwartet zu mir und wir kommen ins Gespräch. Dabei bekomme ich Gedanken aufs Herz gelegt, die mich durch die Woche tragen.
Über Gott nachzudenken und immer wieder andere Perspektiven einzunehmen, ermöglicht es mir, die Unendlichkeit Gottes zu erspüren. In dieser Begegnung tut sich immer neu eine ungekannte Vielfalt und Sinnhaftigkeit auf.

Die Texte im vorliegenden Buch möchten Menschen in ihrem alltäglichen Tun und Denken unterbrechen. Sie wollen Anstoß zu ganz neuen Gedanken über Gott sein, denen auch in Gemeinschaft mit anderen nachgegangen werden kann. Und sie laden dazu ein, miteinander Gott zu feiern.
Durch Lesungstexte und Sonntagsevangelien inspiriert, lassen sich die Gedanken als kreative Elemente für die Gottesdienstgestaltung einsetzen. Die Kapitel lehnen sich am christlichen Jahreskreis an, Segenswünsche und -bitten ergänzen den Zyklus.
Ob bei der Lesung in gottesdienstlichen Feiern oder in der persönlichen Gottesbegegnung – Gott möchte uns Menschen in vielfältiger Art und Weise nahekommen.

Nehmen Sie die Worte in sich auf und sinnieren Sie! Lassen Sie sich ermutigen und ermutigen Sie andere zu einem optimistischen Blick auf Gott, Mensch und Schöpfung.

Es grüßt Sie herzlich
Kerstin Müllers

Gott
mit Hirn und Herz

Tradition
trifft Reformation

Gott
und du und ich

Verbindend
für jede und jeden

Gott
in allen Dingen

In freudiger Erwartung

Adventszeit

ERWARTUNG

Warten
auf einen, der kommt

Wann?
Es ist nicht klar
niemand weiß, wie er aussehen soll
und wann er kommt
der Verheißene

Und wo?
Die Betten sind alle belegt

Großveranstaltung in Judäa
keine Zeit zur Vorbereitung
alle Welt scheint auf den Beinen
voll belegt
Chaos auf den Straßen

Warten
ohne Plan und Management?

Das kann was geben
kann nur schief gehen
schlecht geplant
ist halb verloren
auch in dieser Zeit

Verunsichert
ist die Tourismusindustrie
hektisch laufen Fotografen und Reporter
niemand will die Ankunft verpassen
und doch:

Warten
in Erwartung
auf das vorhergesagte Ereignis
Überforderung
auf allen Ebenen

Da hilft nur
Gottvertrauen
Stoßgebet
Gelassenheit in dieser Zeit
Amen

VORFREUDE

Das Freuen auf die Freude
das Warten auf das Kind

Vor der Freude
kommt die Freude
auf das Freuen
am Tag der Freude
wenn der Baum im Zimmer brennt

Freuen
am Zustand des Wartens
dass noch nicht vorbei
was erwartend ersehnt
die Spannung erhöht

Das Freuen auf die Freude
das Warten auf das Wunder

In jedem Jahr
und doch besonders
wunderbar
Das Wunder des Lebens
bringt Frieden

Nach der Freude
ist vor der Freude
in ewiger Schleife
wird Hoffnung nie enden
im Wunder von Betlehem

Voll Freude
auf dem Weg
Advent
in jedem Jahr

GESENDET

Gesendet
auch Maria

Von Gott erzählen
ein Loblied singen

Maria ist erfüllt vom Geist Gottes
ergriffen von göttlicher Macht

Rettung und Barmherzigkeit
Gerechtigkeit und Erfüllung
bringen ihr Herz in Wallung

Maria
kann vertrauen in die Kraft Gottes

Zwei Frauen
Maria und Elisabeth
berauscht von unfassbarer Kunde

Sie können nicht begreifen was geschieht
doch sie lassen sich anstecken
von der Geistkraft Gottes

Erkennen
wann es darauf ankommt zu vertrauen

Begreifen
dass Gott unbegreifbar ist

Spüren
wie das Wunder wächst und sich bewegt

Gesendet sind Maria und Elisabeth
dazu beizutragen
dass Gott auf der Erde Gestalt annimmt

JETZT IST JETZT

Schwanger sein
in heutiger Zeit

Wo ist Marias Intuition
und der Gruß der Elisabeth?

Fühlend,
spürend,
sinnend und berührt
vom neuen Leben

Schwangerschaft
gestern und heute

Ein Ding der Unmöglichkeit,
Gottes Geschenk:

Zusage,
dass es weitergeht

Zusage,
dass etwas Neues beginnt

In Jesus Christus
und in jedem Kind

Erfüllt
mit Geistkraft
mit Leben
mit Atem allen bewegenden Seins

Hier und jetzt
sich überwältigen lassen,
schwanger sein

Hier und jetzt
schwanger gehen
mit dem Gedanken des Neubeginns

Wissen
um die Endlichkeit der Gegenwart

Jetzt ist jetzt,
nichts anderes?

So kann geboren werden,
der Beginn einer neuen Idee vom Leben

Jetzt ist jetzt,
nichts anderes!

SCHWANGERSCHAFT

Schwangerschaft ist der Gedanke
an das Entstehen
von etwas Neuem

In froher Hoffnung sein,
dass es gut wird

Die Bitte
für ein Leben, das geboren wird

Danke
für ein Geschenk,
unbezahlbar

Die Idee,
verbunden zu sein,
nicht allein

Schwangerschaft
ist stille Verheißung
und bewegende Zeit

Wunder,
getragen,
unbegreiflich

Himmel und Erde
küssen sich
sanft

VIER KERZEN ZUM GLÜCK

Er beginnt ganz vage,
zart im ersten Licht

Tastend und vorsichtig
versucht sich der Schimmer der Kerze
im Dunkel der Nacht,
sucht Weg und Raum

Wachsend
verdoppelt auf dem Kranz in grün,
violett die Farbe der Ankunft

Advent
entfaltet sich und breitet Anmut aus,
im Sinnen
auf die Geburt

Dritter Advent
Der Baum wartet auf der Terrasse,
von innen winkt das grüne Geflecht

Wartet auf Ablösung,
Abklatschen am Weihnachtstag
Genieße die Zeit,
Vorfreude ist die schönste Freude

Zweimal zwei gleich vier
Die letzten Geschenke gepackt,
denn Frieden soll werden

Frieden soll sein
Zur Ruhe kommen Seele und Hirn
Gott schenkt Segen im Kind,
schon ganz bald

BAHNHOFSGEDANKEN

Errechneter Termin
Ankunft: 24. Dezember

Reisende kommen an,
Koffer, Rucksack und
dicker Bauch

Wunschkind
wohl eher nicht,
Fluchtgedanken

Beschwerlich die Reise,
kein Luxustransport
in erster Klasse

Errechneter Termin
Ankunft: 24. Dezember

Hoffentlich
ist der Zug pünktlich
und die Anschlüsse werden erreicht

Das Reisen
fällt schwer,
Sehnsucht nach Ruhe

Errechneter Termin
Ankunft: 24. Dezember

Verlassen
fühlt sich Maria
oftmals auf dieser Reise

Menschenmengen,
Stimmengewirr,
wo werden wir unterkommen?

Reise ins Ungewisse,
unsichere Zeiten
in unmenschlichen Umständen

Ankunft: 24. Dezember
Nicht planbar der Tag der Geburt

Der Engel hat gut reden:
Fürchte dich nicht!

LICHT AM ENDE DES TUNNELS

Manchmal
scheint der Tunnel des Wartens
unendlich lang

Dann enden die Tage niemals
und das Dunkel ist unendlich

Wenn Ungewissheit
alle Planungen außer Kraft setzt,
dann kann das Licht Vertrauen schenken,
die Hoffnung auf Geburt

Manchmal
werden die Türen des Adventskalenders nicht weniger

Dann scheint eine unsichtbare Kraft
nicht zu wollen, dass Weihnachten kommt

Wenn Ungeduld
das Herz überschlagen lässt,
Nikolaus und Lucia vorbeiziehen,
dann ist gewiss, dass es kommt

Das Licht
am Ende des Tunnels

Es beendet den Advent
und verheißt den Glanz der Weihnacht

Wenn Sterne die Fenster erhellen
und Duft von Zimt
und Nelken
die Sinne benebeln

Das Licht
am Ende des Tunnels

Es weist im Advent den Weg,
Schritt für Schritt

Vertraue
den Schritten und dem Lied,
dem Kranz
und dem Werden

Licht im Advent,
denn Weihnacht will werden

Die Nacht der Nächte

Weihnachtszeit

DIE NACHT DER NÄCHTE

Herzlich Willkommen
zur Nacht der Nächte.

Herzlich Willkommen
zur Nacht,
in der der Herr
geboren wird.

Herzlich Willkommen
zum Ende des Advents,
denn es will Weihnacht werden.

Es wird hell,
der Stern der Weihnacht
möchte Freude schenken,
Hoffnung bringen,
Licht ins Dunkel strahlen lassen.

Dunkelheit wird hell,
das Kind wird geboren,
herzlich Willkommen
im Stall der Welt.

GEBURT OHNE GLANZ UND ADEL

Schmutzige Stiefel von der Reise
kalt das Gesicht und die Hände

Arm sind Mutter und Kind
Vater schafft Stroh in die Scheune
unsicher brennt die Laterne
am Rande der Verzweiflung

Abgeschoben ist die Familie
Kein Bett
keine Herberge
kein Mensch
in der Nähe

Einziger Mensch war der Wirt
Rettung in letzter Not
als das Wasser die Blase bereits sprengte
der Schmerz in Rücken und Senke zog
und der Wirt die Unterkunft im Stall anbot

Warm ist die Liebe zum Kind
Das Kind in den Armen
entschädigt jeden Schmerz und Umstand
befreit von Sorge
schenkt Lächeln in frostiger Nacht

Behütet sind Eltern und Kind
Geborgen im Stall
sitzt die kleine Familie beisammen
und genießt den Zauber des Neubeginns

Königlich ist der Moment
Die Geburt im Stall
besticht durch ihre Einfachheit
Sternstunde

WEIHNACHTEN

In Betlehem
im Stall

Sohn
geboren
gewickelt in Windeln
gelegt in eine Futterkrippe

Herberge
kein Platz
nicht reserviert
nicht privilegiert

Hirten
lagern einsam
halten Nachtwache bei ihren Tieren
tragen Sorge
tragen Verantwortung

Engel
erleuchten das Feld
zeigen hell strahlend
Gottes Glanz

Fürchtet euch nicht!
Es ist geboren
heute
für alle Menschen
Jesus Christus
der Retter!

Angst
ergreift die Hirten
unfassbar
sie eilen zum Stall
finden Maria, Josef, Kind
staunen
laufen, rennen, atemlos
Preis und Ruhm

Marias Herz
trägt
und bewegt
die Worte
herzerfüllt
herzbewegt

GOTTESMENSCH

Geboren im Stall,
bodenständig,
arm an Gütern,
reich an Güte

Gottesmensch

Ich begegne dir
im Anderen

Rede schlecht über dich,
mache dich klein

Respektlos,
grenzüberschreitend
gehe ich mit dir um,
wenn ich dich im Anderen
nicht wertschätze,
vermeintliche Fehler
in den Vordergrund stelle

Unachtsam,
menschlich,
ich

Vergebend,
Gott,
du

Ich stoße dich aus der Krippe,
verletze dich
im Anderen

Gottesmensch

Geringschätzung,
ich spüre Scham,
suche nach einem Leinentuch,
das dich wieder sanft
in der Wiege betten kann

Möchte gut machen,
Wunden verbinden,
den Stall beheizen,
dass es wieder warm werde

Weihnachten soll sein
im Stall,
mitten im Leben,
immer wieder

Denn Gott ist Mensch geworden

Gottesmensch

Du zeigst,
wie verletzlich du bist
im Anderen,
im Stall,
im Leben

Sei achtsam,
denn
Gott
wird Mensch

ZEITENWENDE

Wenn das Ziel der Schwangerschaft
die Geburt eines Kindes ist,
so stellt sich die Frage:
Was nun?!

Was nun,
wenn die Geburt des Kindes vollbracht
und das neue Leben
an die Luft gesetzt ist?!

Jetzt geht es erst richtig los,
die Schonzeit ist vorbei,
denn die Verantwortung
möchte beim Schopfe gepackt werden!

Gott
gibt den Staffelstab weiter,
hinterlässt Spuren und fordert auf:
Lauf los – alles neu!

Hat Maria geahnt,
was Gott ihr zumutet,
als das Kind in ihrem Bauch hüpfte
und Hochglanzprospekte
von stets lachenden Kindern erzählten?

Jetzt geht's erst richtig los,
das Leben wendet sich,
ungeahnte Kräfte wachsen
über jedes Elternpaar hinaus.

Kleines Kind,
Zeitenwende,
in jedem Leben, das Familie ist,
verzweifelnd und beschenkt zugleich,
Geburt!

RETTUNG

Rettung in höchster Not
aus der Zeit
wurde Ewigkeit
schier unendlich schien die Reise

Weihnachten
das Fest der Rettung

Unter Wehen geboren
auf der Flucht
auf der Einreise
zur Volkszählung

Gezählt waren die Tage
gerettet ist der Tag der Tage

Die Geburt
des Kindes bringt Gerechtigkeit
in unruhige Zeiten
Frieden in Stall und Welt

Auf dich haben alle gesetzt
du bringst Rettung

Kleines Wunder
im Stall von Betlehem

Zeige uns die kleinen Dinge
schenke uns das Wundern
verzaubere unsere Herzen
und richte auf die Verzagten

Rettung
auch in dieser Zeit

ENGEL, STROH UND HIRTENHUND

Alleine
so dachte die kleine Familie
und weit sei das Feld

Im Stroh liegt das Kind

Da kommt aus dem Nichts
glanzvoll und leicht
ein Engel mit seinem Geleit

Singt ein Geburtstagslied

Musik und Glanz
erfüllten Stall und Feld
erleuchteten Kinderaugen und Mutterherz

Vater steht gebannt

Kann kaum glauben, was er sieht
und reibt sich die Augen
denn an Wunder glaubte er noch nie

Hirten stehen vor der Tür

Es klopft
welch ein Andrang
zu später Stunde im Stall

Bringen Schafsmilch und Wärme

Einfach ist das Geschenk der Gemeinschaft
wenig braucht der Besuch, der verbindet

Hirtenhund liegt im Stroh

Alleine
so dachte die kleine Familie
und weit sei das Feld

Da fällt vom Himmel ein Regen
von Sternen und Segen

DAS KREUZ IM STALL

Bereits zur Geburt
bekommst du den Tod
in die Wiege gelegt

Das Kreuz über der Scheunentür
versichert dir:
Willkommen im menschlichen Leben

Leben im Wechsel von Freude und Leid
Weinen und Lachen
immer wieder beim Blick auf das Kreuz

Geboren
zum Leiden
und Sterben

Geboren
zur Auferstehung,
Ereignis des Jahrtausends

Leben und Tod
und Tod und Auferstehung,
grundgelegt in der Geburt im Stall

Dein Leben wird wahrhaftig,
das ist die Kunst deiner Tage auf Erden
und die Botschaft deiner Geburt

Kleiner Mensch in der Futterkrippe,
du wirst zum Fraß vorgeworfen werden
und gleichsam Verehrung finden

Das Kreuz über der Scheunentür
erdet Gott
und verbindet die Krippe
mit himmlischen Sphären

LICHT DER WELT

Jesus bringt Licht in die Welt

Sei Funke,
lass dich anstecken,
entfache ein Feuer der Freude

Entzünde
ein Licht für den Frieden,
erwärme das Herz der Welt

Laterne an der Krippe

Hoffe
auf Wärme,
feiere im Licht des Glaubens,
Gemeinde Jesu Christi

Denn aus Bethlehem
bringt eine Kerze im Stall
Feuer zu Menschen

Aufbruch

Altjahresabend, Neujahr

DEN AUFBRUCH WAGEN

Immer wieder
mitten im Leben

mutig

Farbe bekennen
neu beginnen

optimistisch ansteckend
dem Heiligen Geist
die Hand reichen

alte Schläuche
liegen lassen
Keller, Sperrmüll

neuer Wein
unverzagt
in frische Gläser auf den Tisch

immer wieder
unerwartet anders gehen

behutsam

Perspektive wechseln
und
staunen

MACH ES WIE JOSEF

Aufbrechen
für die Reise
den richtigen Zeitpunkt wählen
achtsam und rücksichtsvoll
mutig und waghalsig
zugleich

Josef steht auf
noch in der Nacht
ohne Zögern
nimmt Kind und Mutter
flieht
bricht auf

Josef bricht auf
erkennt die Gefahr
übernimmt Verantwortung
bricht auf
ohne Wenn und Aber

Josef bricht auf
vertraut Gott
vertraut dem Weg
bricht auf

Mach es wie Josef!

WAS IST AUFBRUCH?

Aufbruch bedeutet,
neue Schritte zu wagen.
Herr, segne uns mit Mut.

Aufbruch bedeutet,
sich selbst in Frage zu stellen.
Herr, segne uns mit Selbstreflektion.

Aufbruch zeigt uns
eine neue Welt.
Herr, segne uns mit Optimismus.

Aufbruch zeigt uns,
dass es weiter geht.
Herr, segne uns mit Ausdauer.

Aufbruch braucht
tatkräftige Hände.
Herr, segne uns mit Kraft.

Aufbruch braucht
Menschen.
Herr, segne uns mit Verständnis.

LASST UNS WAGNISSE WAGEN

Für Menschen
und Gesinnungen,
die das eigene Leben infrage stellen,
lohnt die Kraft,
die eint und stärkt.

Für neue Wege
und alte Schätze,
die unser Leben begleiten,
lohnt es,
den Koffer zu packen.

Für Trauer
und Freude,
die Teil unsres Lebens sind,
braucht es Gedanken,
die tragen,
wenn alleine
es nicht zu schaffen scheint.

BEHÜTET AUF DEM WEG

Bei Tag
und bei Nacht

Auf Umwegen
sicher geführt,
sinngebend begleitet

Der Sinn
mancher Entscheidungen
erschließt sich zuweilen
erst hinterher

Mit Wolkensäule
und mit Feuersäule

Nicht der direkte Weg
ist immer der beste,
Vertrauen lohnt

Auch wenn
andere um mich herum
misstrauisch sind
und mich abhalten wollen

Wohlüberlegt
und vorausschauend

Zuversichtlich,
mit Gott Hand in Hand
Wege gehen

Den eigenen Weg finden
ist nicht immer leicht,
Verantwortung wiegt manchmal
schwer auf meinen Schultern

Und gleichzeitig ist da etwas
oder jemand,
der mich trägt,
und ich spüre:
Ich bin behütet,
immer!

ALTJAHRSABEND MIT WUNDERKERZE

Altes Jahr, ade!

Ich nehme Abschied,
halte inne
und besinne mich

Ich bin beschenkt
mit Wundern und Liebe

Ich bin bestürzt
über Kriege und Gewalt

Ich bin bepackt
mit Ideen und Wünschen

Neues Jahr, ich freue mich auf dich!

Entzünde eine kleine Kerze
zum Wundern

Versprühe eine Ahnung
von dem, was vielleicht kommt

Verleihe der Zukunft
einen kleinen Zauber

Entfache einen zarten Sternenregen,
der Segen für das Kommende verheißt

Liebe das Wundern
und den Schimmer der Vergänglichkeit

In Ewigkeit!

RÜCKBLICK UND AUSBLICK

365 Tage liegen zurück
365 Tage stehen bevor
dazwischen der Wechsel

Jahreswechsel ist Wendepunkt
zwischen den Jahren
Tag null

Am Jahresende
ist Zeitenwende

Rückblick
auf Ereignisse und Stunden der Liebe

Zurückgelassen
werden Sorgen und Ängste

Begraben
sind die Toten des vergangenen Jahrs

Der Blick wendet sich
in die Ferne

Hoffen
auf gute Zeit

Wunsch
nach tragender Begegnung

Ausblick
auf ersehnte Momente

Am Jahresende
ist Zeitenwende

Nach 365 vergangenen Tagen
und vor 365 kommenden Tagen
Zuversicht im Herzen tragen

Denn gesegnet sind die Zeiten
die vergangen sind
und die, die werden

Offenbarte Göttlichkeit

Epiphaniaszeit

TAUSCHE WASSER GEGEN GEISTKRAFT

Heiliges Feuer
erschließt den Himmel
öffnet die Augen

Münder stehen staunend offen
denn unbegreiflich ist
die Liebe Gottes

Feuer der Liebe
wärmend
nicht verbrennend
entzündet es
die Flammen der Begeisterung

Ansteckend wirken
darf das Feuer
der unendlichen
und unabdingbaren Liebe

Ermutigend
stärkend
erfüllt die heilige Geistkraft
die Herzen von Menschen

MIT OFFENEN AUGEN

Ich sehe den Himmel
die Taube Gottes
und tanze das Lied der Liebe.

Der geöffnete Himmel
lässt meine Augen strahlen
über den Zauber der Liebe.

Mit offenen Augen
empfange ich
die Überraschung meines Lebens.

Der Himmel öffnet sich
über jeder und jedem,
reißt Fenster und Türen auf.

Lasst herein!
Gott klopft an und kommt herab
und herein in jedes Herz.

DER GEÖFFNETE HIMMEL

Fürbitten
kann ein Volk, das Hoffnungen hat,
sich Gedanken macht
ganz tief im Herzen

Das Fragen
nach dem Gesalbten
in der Welt
zu jeder Zeit
sollte nicht enden

Es kann die Hoffnung sein
in einen, der stärker ist,
der nicht mit Wasser tauft,
sondern eintaucht in
heilige Geistkraft und Feuer

Fürbitte
ist das Vertrauen in den geöffneten Himmel
in dieser Welt
zu jeder Zeit

DAS WUNDER DER TAUFE

Das Wunder der Taufe
ist das Bekenntnis
zu Gott

Zu bekennen,
dass Gott in allen Lebenslagen
mein Gehstock ist
und meine Herzensmelodie

Glaube
an eine ehrliche Liebe,
die keine inhaltsleere Vorführung braucht,
sondern sinnhafte Konsequenz im Handeln

Die Geistkraft der Taufe
gibt Kraft,
ohne zu verletzen
richtet sie auf

Das Wunder der Taufe
ist das Bekenntnis
zu Gott

DA WURDE ER VOR IHREN AUGEN VERWANDELT

Hell erscheint
eine neue Wirklichkeit,
die Elija verbindet
mit Mose, mit Jesus

Ein Spagat durch die Zeiten,
Verbindung
zwischen gestern und heute
auf einem Weg,
der in die Auferstehung mündet

Verwandlung
kann sein
ein Aufstehen
im Erkennen und Begreifen
mit der Beherztheit zum Mut

Verwandlung
braucht Schneid,
dem Unbegreiflichen
immer wieder
zu vertrauen,
dem Unbegreiflichen,
das sich Gott nennt

Der Weg ist das Ziel:
Das könnte ein Werkzeug Gottes sein
mit dem Blick
zum Licht der Auferstehung

Fasten, Fragen und Suchen

Passionszeit

PERSPEKTIVWECHSEL

Den Kopf einmal schräg legen,
den Blick von unten
nach oben richten,
am Boden liegend
an die Decke schauen

Perspektivwechsel

Ermöglichen Vielfalt,
erleichtern Verständnis
von Andersartigkeit
und Erhalten die Beweglichkeit

Perspektivwechsel

Sind unbequem,
zwingen zum Denken,
fordern zum Handeln heraus

SELBSTERKENNTNIS UND GOTTESBEKENNTNIS

Wenn ich mich selbst entdecke,
wie Jesus durch die Wüste gehe
oder am Ölberg bete,
kann es schon mal brenzlig werden,
weil ich Angst vor mir bekomme

Sorge vor den eigenen Wahrheiten,
mir selbst im Spiegel entgegenzublicken,
ist vermutlich die schwierigste Aufgabe
und die höchste Hürde

Auf dem Weg zu mir
ist es die Kunst,
mir selbst begegnen zu wollen,
ehrlich und unverblümt

Mich selbst erkennen,
mir ein Lächeln schenken,
Selbstliebe lernen,
Gott in mir erkennen
fällt mir schwer

Gott verwirklicht sich in mir,
schenkt mir Kreativität und Worte,
tanzt durch meine Lebensmelodie,
spielt Kontrabass zum Rhythmus meiner Füße

Vielfältig zeigt sich Gott
in meinem Gesicht:
verletzlich und liebend

Selbsterkenntnis wird zum Gottesbekenntnis

FASTEN UND PASSION

Keine Schokolade,
Alkohol verzichten

Streit vermeiden,
Frieden stiften

Fasten
dient der Seele,
dem Gemüt

Gott begegnen,
Gärten des Gebetes aufsuchen

Zeit für Stille,
Muße im Gespräch

Fastenzeit
ist Gottesdienst,
göttliche Freundschaftspflege

Erkennen,
Gedanken reifen

Sinnieren,
langsam begreifen

Passion
für das Leben mit Gott vertiefen,
in Gottes Liebe versinken

Gegensätze begreifen lernen,
Tod und Leben
im Leben neu finden

Brückenbau
zwischen den Welten

Mit Inbrunst,
mit aller Kraft,
von ganzem Herzen,
von ganzer Seele
begeistern für Gott

DAS LEBEN AUF DEN PUNKT BRINGEN

Reduktion
und Schärfung der Sinne

Wegstreichen,
was überflüssig ist
und das Leben
auf den Punkt bringen

Es braucht
nicht viel
im Leben

Dem Wenigen
den Wert erhöhen

Achtsamkeit üben,
Zeit nehmen,
in Ruhe
die Gegenwart genießen,
voll auskosten,
das Geschenk der Existenz

Ein kleiner Moment
wird zum Diamanten
des Tages

Vierzig Tage
Langsamkeit,
höchste Konzentration

Einkreisen,
was wichtig ist,
ein Thema,
ein Gedanke

Achtsamkeit schenken,
einzelne Menschen
wahrnehmen und würdigen,
auch mich

Das Leben rund werden lassen
im Hier und Jetzt

Punkt

WORT

Bedeutsam ist
zu sagen:
»Es ist schön, dass du da bist!«

Bedeutung hat dein Wort
der Zuwendung:
»Ich höre, was du mir erzählst!«

Ich deute gerne
Wortlaut, Stimmlage, Betonung
deiner Botschaft.

Dein Wort
gibt Trost und Wärme,
es macht Mut.

Es zeigt:
Bedeutsam bist du,
wertvoll.

Denn
bedeutend ist,
was du mir sagst!

SCHIZOPHRENIE DES LEBENS

Blumen und Jubel,
Bestechung und Verleumdung

Esel und Kreuz,
Wein und Essig

So schnell kann es gehen,
vorüber sein die Freude,
kommen das Unheil

Und doch wird es kommen,
das Licht am Ende des Tunnels,
der Gipfel mit herrlicher Aussicht,
am Ende vom anstrengenden Weg

Ich stelle mir die Frage
des Lebens

Ich frage nach dem Weg
an der Kreuzung
am Kreuz

Ich lasse meine Pläne
durchkreuzen

DIE RUHE VOR DEM STURM

Die Ruhe vor dem Sturm
oder
das Fest vor dem Niedergang

So scheint
der Ritt auf dem Esel
wie eine Ironie des Schicksals

So leicht beeinflussbar
ist der menschliche Geist
so mächtig der Mainstream
so irrational das menschliche Handeln

Der Esel und die Blumen auf dem Weg
Zeichen für gelebte Gegensätze
immer wieder
in allen Zeiten

Auf einem Esel erhöht?
Ist das der bittere Ernst?
Oder eine Parodie des Lebens?
Oder ist es vielleicht gelebte Realität zu allen Zeiten?

Höre gut hin,
mein Ohr!

Handelt wohlüberlegt,
meine Hände!

Bedenke die Worte,
mein Mund!

Verborgen
liegt der Schatz
der Wahrheit

Hart zu erringen
ist der Weg
der Gerechtigkeit

Kraft und Ausdauer
braucht der Mut
zum Bekenntnis

HERAUSFORDERUNG

Essig und Wein
liegen dicht beieinander.

Schenke uns, Gott,
einen weisen Verstand.

Bitter und süß
schmeckt das Leben.

Lehre uns, Gott,
mit beidem zu kochen.

Blumen und Kreuz
sind untrennbar vereint.

Lass uns, Gott,
Floristinnen und Schreiner des Lebens sein.

Manchmal beherrschen wir
dieses Handwerk nicht.

Gott, gib uns Gelassenheit!

Andenken in Brot und Wein

Gründonnerstag, Abendmahl, 7. So. n. Trinitatis

TUT DIES ZU MEINEM GEDÄCHTNIS

Gedanken
an das Brot in der Schale
sprechen davon,
dass Gott sich teilt,
immer wieder,
zu jeder Zeit
auf dieser Erde

Gedächtnis
an vergossenes Blut
durch Wein im Kelch,
der Leiden und Leben schenkt
in Alltag und Feiergewand,
wenn Passah ist
und die Kerzen entzündet sind

In jedem Stück Brot,
in jedem Schluck Wein
offenbart sich Gott
in geteilter Liebe
und flüstert leise
in mein Ohr:
»Tu dies zu meinem Gedächtnis!«

IMMER WIEDER

Der Tag zur Ehre Gottes
beschenkt uns mit Feier und Tischgabe

Immer wieder
tut es gut,
sich daran zu erinnern,
dass Tischgemeinschaft verbindet

Immer wieder
schickt Gott mir einen verbindlichen Gruß,
der sagt:

Weißt du noch,
damals am runden Tisch
die Gemeinschaft
zwischen Hoffen und Hadern?

Weißt du noch,
damals, als niemand zugeben wollte,
dass die Freundschaft mit Gott
eine Herausforderung ist?

Immer wieder
werden wir gestärkt
im Brot der Erinnerung

Immer wieder
ist Gott verbindlich
gegenwärtig
in der Gemeinschaft des Vertrauens

Für uns zur Erinnerung,
für uns zum Begreifen:
Gott schenkt sich uns
im Geschenk der Mahlgemeinschaft
zu seiner Ehre

GEMEINSCHAFT

Hand in Hand am Tisch
zum Kreis verbunden

Beten und verbinden,
eine Hand nimmt
und die andere Hand schenkt

Geben und nehmen
als Sozialpakt Jesu Christi

Die Fahne in allen Farben des Lebens gehisst,
um nicht zu vergessen,
dass niemand vergessen wird

Gemeinschaft braucht Würde
in der Begegnung

Ich verneige mich
vor dir,
ohne mich selbst zu erniedrigen

Die Kunst der Gemeinschaft
schmiedet Pläne von Gerechtigkeit

Gerecht muss sein
der Boden,
auf dem Menschen zueinander finden

Gemeinschaft
ist Einheit in Vielfalt

Sie braucht Geduld und echtes Verstehen
füreinander, miteinander
verwoben in aufrichtendem Sinn

Gemeinschaft
bedeutet Hand in Hand am Tisch

Manchmal ein Stoßgebet
zur Hilfe
oder ein Tischgebet
zum Segen
über geteiltes Brot gesprochen

BROT DES LEBENS

Brot als Lebenselixier
symbolhaft nährend
geteilt über die ganze Erde

Verbindet
Menschen mit Menschen
Erde und Himmel

Brot gebrochen
geteilt am Tisch des Abschiedes
Anfang einer unendlich anbrechenden Zeit

Größte Tischgemeinschaft der Welt
trägt durch die Zeiten
hält das Versprechen

Brot des Lebens
schenkt Kraft in verzagten Tagen
stärkt gemeinsam mit Wein

Abend soll werden
Gemeinschaft am Tisch
Jesus schenkt sich als Dienender

Abend mal anders
versammelt am Tisch
verbunden in Sorge und Hoffnung

Brot schenkt Trost
vereinigt die Freude
mit Zuversicht

LEBENSKRAFT

Weizen
wächst zu Leben

Auftrag Lebensspende
Lebenserhalt
Grundversorgung

Nicht immer begreifen wir,
dass Kraft von innen
und außen kommt

Lebenskraft
schafft Leben

Wasser und Mehl
verbundener Gegensatz
brauchen einander im Brot

Ohne Wasser kein Leben
ohne Mehl kein Brot
bedingungslose Bedingung

Natur der Sache
Leben braucht Kraft

Sterben und leben
leiden und auferstehen
der Weg Jesu

Beispiel für Wege
in jedem Leben
immer wieder

Lebenskraft ist beständig
wie ein Gebet, das trägt

HINGABE

Sich hingeben
der Sache mit Gott
dienen und sich zur Verfügung stellen

Eintreten für Gerechtigkeit
im Teilen von Brot und Wein

Sich hingeben
für Frieden
Kriege nicht dulden
weil Herz und Verstand widersprechen

Könige herrschen
überheben sich
missbrauchen den Begriff der Wohltat
wenn sie Macht und Einfluss ausnutzen

Wohltäter
dienen der Gerechtigkeit
und nicht dem Gesetz ohne Verstand

Der Größte
soll werden
wie der Jüngste

Der Führende
soll dienen:

Auf Händen tragen
Nöte erkennen
durch Gemeinschaft im Tun
erkennen, wo echte Liebe gebraucht wird

Gott wurde Mensch
um Leid zu erleben
Qual und Tod zu fühlen
Empathie der Führung

So will auch ich
mich hingeben
zum Dienst
an dem Nächsten
und an der Anderen

VERHEISSUNG

Simon, Simon

Liebe und Verrat liegen so nah beieinander
bete um Glauben

Brennen
soll die Flamme der Liebe

Ich bin da
bei deiner Umkehr
so verspricht Jesus dem Freund

Ich bin da
auch wenn Wege in die Irre führen

Simon, Simon

Sei nicht übermütig
wenn du Bereitschaft versprichst

Unterschätze nicht
Gefängnis und Tod

Schwer ist das Einstehen für Ideale
die in der Gesellschaft keine Anerkennung finden

Ich sorge für euch
auf der Wanderschaft und in Not
seid gewappnet, sagt Jesus

Ich werde den Weg der Ungerechten gehen
es wird sich erfüllen
was prophezeit ist

Irdisches Unrecht
wird nicht aufzuhalten sein

Doch am Ende
steht das Licht
der göttlichen Liebe

BLEIBET HIER UND WACHET MIT MIR

Bleibet hier
und wachet mit mir

So sagt Jesus zu seinen Jüngern

Wachet und betet
und lasst mich nicht alleine

Das ist Jesu Bitte

Gott segne uns
wenn wir uns heute Abend schlafen legen

Behüte uns
in unseren Träumen und Gedanken

Bleibe bei uns
wenn es Abend wird

Und schenke uns
deine wachen und liebenden Augen

Leiden und Sterben

Karfreitag

VERRATEN

Enthüllt ist die Lüge,
auf der Kippe
eine Freundschaft

Hält sie
oder fällt sie
beim Gang auf ganz dünnem Eis,
wenn die Flamme der Missgunst
Gefrorenes durchdringt
und Vertrauen
zu schmelzen droht?

Ich frage:
Kann denn das sein,
dass der Bund zwischen Menschen
durch Macht und Gier
gefährdet ist?

Untreue oder Vertrauensbruch –
was führt dazu,
dass Verrat gelingt?

Versuchung
blinzelt um die Ecke,
lockt
mit schneller Glückseligkeit

Falsche Versprechung
durch Fata Morgana
Bilder und Träume
von Dürre und Hitze gemalt

Verführung
in schleichend-heimlicher Weise
von Schlange und Mammon
der Welt

Bitter
ist der Verrat,
doch erst im Abgang zu schmecken,
wenn der Stein schon rollt

Verraten
und verraten werden,
missbrauchtes Vertrauen,
zerbrochene Zuversicht

Erfülle uns, Gott,
mit der Würze
deiner ewigen Freundschaft,
die wohlschmeckt
und wärmt

SÜNDENBOCK

Jesus
macht sich zum Bock
für die Sünde

Stirbt
für die Welt

Nimmt Sünde und Unrecht,
weltlichen Irrsinn und Lüge
mit an den Pfahl

Versöhnt
Himmel und Erde

Leidet für Unrecht,
rettet Verbrecher
am Kreuz

Gibt
sein letztes Hemd

Verspielt mit den Würfeln
Gewand und Würde
zur Unterhaltung der Soldaten

Zerrissen
der Vorhang im Tempel

Aus Spiel wird Ernst,
der König der Juden
war im Recht

Dunkel
umgibt den Erdenraum

Stille wird unerträglich,
die Erkenntnis kommt zu spät,
Gott wurde zum Spielball der Welt

Mein Versagen
verstrickt in der Wolle des Bockes

Getragen aus Liebe,
aus Gnade bezahlt,
vollbracht ist die Tat am Kreuz

Jesus
macht sich zum Sündenbock

KREUZESTOD

Senkrechter
Pfeil in den Himmel

Auf Bergspitzen und in Kirchen
soll Gottesnähe spürbar sein

Der Tod
steht nah vor Augen
doch Himmel und Erde begegnen sich

Kreuz und Tod
im Kreuzestod
auf Erden

Zeichenhaft
für alles Leid

Wegweiser
in die Auferstehung

Still wird mein Herz
leise formen die Lippen
ein Gebet

Vater und Mutter
im Himmel
Gott um uns herum

Stumm
stehe ich ratlos

Wortlos
sehe ich zum Kreuz

Kreuzestod
ist Mord auf Erden
in Kriegen nie endender Gewalt

Brutal unverschont
baden Unschuldige
falsche Entscheidungen aus

Jesus
gibt Beispiel

Die Welt
wiederholt ihre Fehler

Warum gelingt kein Lernen
aus Fehlern der Vergangenheit
im Angesicht vom Kreuzestod?

HOFFEN WIDER ALLE HOFFNUNG

Passion
ist Herausforderung

Angst, Trauer, Ohnmacht
Hoffnung und Dankbarkeit
verbinden sich

Palmsonntag
ist Spannung im Hochformat

Jesus zieht ein
vom Ölberg nach Jerusalem
bejubelt mit Freude und Palmen

Die Lage ändert sich
Jesu Tage sind gezählt

Jesus räumt auf
wirft Händler und Tische aus dem Tempel:
Was fällt euch ein,
das Haus Gottes zu schänden?

Gründonnerstag
heißt Abschied nehmen

Jesus steht auf
vom Passamahl
gießt Wasser, wäscht Füße

Ich bin da, um euch zu dienen
in Brot und Wein

Beginn
einer großen Tradition
Erinnerung an geflossenes Blut
und gebrochenen Leib

Gethsemane
Angst vor Leiden

Es soll kommen,
wie es kommen muss

Beistand der Jünger
gelingt nicht

Festnahme
Verhandlung eröffnet
Gotteslästerung
oder Bekenntnis?

Ausgeliefert
von Pontius zu Pilatus

Jesus sagt
kein einziges Wort
bespuckt und geschlagen
Spielball der Mächtigen

Verleugnung
dreimal die Chance verpasst

Der Hahn
bunter Schrei nach Liebe

Verzweiflung
Petrus geht und weint

Jesus erträgt
unschuldig den Hass
der wütenden Menge

Ans Kreuz mit ihm!

Folter
das Kreuz selbst tragen

Gekreuzigt
gequält, angeschlagen
genagelt auf der Bühne der Welt

Würfel
fallen um Kleid und letzte Habe

Finsternis legt sich über die Welt
Vorhang zerreißt

Es ist vollbracht!

Trauer
kein Brot, kein Wein

Hoffen wider alle Hoffnung
gegenwärtig
in jedem Moment meines Lebens
bist du, Gott, da

APFEL UND ESSIG

Aus Apfel
wird Essig

Die Frucht der süßen Verführung in Eden
zu Beginn allen Seins

Beendet das Leben
im Paradies
bringt Arbeit, Mühsal und Tod

Gegorener Apfel
verändert
in Konsistenz und Geschmack
wird zum Zeichen böser Manier

Essig am Schwamm des Todes,
letzter Tropfen
für trockenen Hals

Säure
vernebelt die Sinne

Geschmackloser
Tod

SCHENKE LIEBE

Jesus Christus,
du stirbst am Kreuz und leidest schwer

Schenke Menschen in Krankheit
deinen Frieden

Jesus Christus,
du fühlst dich verlassen

Schenke Menschen in Einsamkeit
deine Wegbegleitung

Jesus Christus,
du gibst dich in die Hände deines Vaters im Himmel

Schenke uns Vertrauen
in deine Liebe

HÜRDENLAUF

Leben und Sterben,
sterben, um zu leben

Neubeginn
in der Weitergabe des Lebens

Generation gibt an Generation
den Staffelstab weiter

Alles neu?

Hürdenlauf
Überholspur
Stolpern

Manchmal braucht es den Fall
vor neuem Schwung,
um das Hindernis zu überwinden

Sterben,
um Leben zu ermöglichen

Wendepunkt,
Schwelle zwischen Leben und Tod

Alles neu!

Hindernis
Blick Richtung Himmel
Anlauf … Leben!

Auferstehung und Hoffnung

Ostern

DIE FRAUEN WERDEN DIE ERSTEN SEIN

Die Frauen bringen
wohlriechende Salben
selbst zubereitet
mit Liebe gemacht

Die Frauen
gehen in aller Frühe
zum Grab

Der Stein
ist weggewälzt

Was sucht ihr den Lebenden
bei den Toten?

Er ist nicht hier!
Er ist auferstanden!

MORGENTAU AM GRABEINGANG

Als die Frauen
traurig zum Grabeingang gehen,
liegt zart der Tau
in leisen Tränen
auf dem Stein

Der Stein ist schon weggerollt,
unfassbar erstarren Herz und Verstand

In weißer Gestalt
auf wundersame Weise
spricht denkwürdig Gott zu ihnen:

Fürchtet euch nicht,
seid getragen in Sorge und Trauer

Ich sende euch Hilfe,
denn vertrauen könnt ihr
und Jesus, Sohn Gottes, er lebt

Singt das Lied vom Leben,
von Blumen und vom Tau auf dem Stein

Verkündet die frohe Nachricht,
tanzt und jubelt

Jesus, der Christus, er lebt!

MARIA

Maria weint

Wasser aus Trauer
umspülen
das Gesicht

Zwei Engel
Hoffnung
in weißem Gewand

Maria hoffnungslos
verlassen

Grün
Hoffnung
offenbart in Gärtnerschürze
und Gießkanne
gefüllt mit Kraft

Maria erkennt

Jesus
Same, der Hoffnung sät
bringt gute Frucht
im Acker der Welt

Kapieren und begreifen:
Ich habe den Herrn gesehen!

Maria

LEBENSFREUDE

Freude!
Jesus lebt!

Was sucht ihr?

Jesus lebt!
Auferstanden von den Toten!

Was sucht ihr
den Lebenden bei den Toten?

Jesus liegt
nicht tot im Grab.

Freude!
Jesus lebt!

Jesus ist auferstanden!

DER VERBORGENE KÖNIG

Gott
erniedrigt sich selbst

schwach
elend
arm

Unvermögend im Stall geboren
in bescheidener Demut
soll seine Irdengeschichte
fortgesetzt werden

geduckt
gedemütigt
elend

Gott macht sich klein
unterwirft sich menschlicher Gewalt

gekreuzigt
gestorben
begraben

Scheint
das Leben ein jähes Ende zu nehmen

Irrtum –
in Gewaltlosigkeit liegt Kraft

auferstanden
siegend
erhöht

Liebe
als Mittel des Friedens

IRRTUM

Falsch gedacht
vertan
Irrtum

König
mit Gold und Zepter?
Macht und Reichtum?
Erhöht und überheblich?

Frisch gestrichen!
Falsch gedacht!
Vertan!
Irrtum!

Christus König
Licht der Welt
menschlich
verletzlich
gekreuzigt

Frisch gestrichen
neuer Reichtum
in Liebe und Vergebung
für Freunde wie Feinde

Christus König
auferstanden
Lebensmut und Hoffnung!

AUFERSTEHUNG IST SEGEN

Das Kreuz ist leer:
Grund zur Freude

Nicht mehr Schwarz,
Weiß ist die Farbe für Neuanfang

Nicht mehr dunkel,
es ist hell

Ein neuer Weg beginnt:
Grund zur Hoffnung

Machen wir uns auf den Weg
und wagen neue Schritte

Halleluja,
Jesus lebt!

Halleluja,
wir loben und preisen dich
und wir danken dir, Gott

Halleluja,
segne uns,
Gott Vater, Sohn und Heiliger Geist

WUNDER

Tod und Leben
auf den Kopf stellen

In kleinen Dingen
das Wunder
der Schöpfung sehen

Die Nase
in die Sonne halten

Aufstehen
das Kreuz
mit Blumen schmücken

Dem Tod zum Trotz
das Leben feiern

NICHT STERBEN KÖNNENDE HOFFNUNG

Wenn die Sonne
dunkel ist
und der Mond
nicht mehr scheint

Wenn Welt
und Weltall erschüttern,
dann muss
der Friede Gottes
aus dem Gleichgewicht geraten sein

Dann gilt
ein Warten,
in unbändiger Unruhe
und erforderlicher Geduld,
unvorstellbar
für jeden Menschenverstand

Dann gilt es,
zu trauen
auf Gottheit und Geistkraft

Dem Funken,
der unmerklich sich einschleicht,
immer wieder
– oder nicht?

Dem Funken,
dem es gegeben,
sich Ruach zu nennen
und zu mehren der Hoffnung
kleinste Saat

Aussichtslos
ist nicht die Armut,
sondern
die Trägheit der Masse
im Umgang
mit unkalkuliertem Geschehen

Stirbt die Hoffnung zuletzt,
dann lässt das Hoffen
hoffen

Im Vertrauen in die Auferstehung,
die eine jede gestorbene Hoffnung
wieder auferstehen lässt,
kann die Hoffnung
niemals sterben

IMMER WIEDER HOFFEN

Hoffnung
ist der optimistische Weg
durch das Leben

Immer wieder hoffen
ist das Vertrauen
in die Gottheit, die trägt,
die immer wieder die Hand reicht

Hoffnung
wird nicht nach Bauplan
oder Wunschzettel erfüllt,
sie lässt Wege offen

Immer wieder hoffen
scheint in dieser heutigen
berechnet werdenden Welt
eher unvernünftig zu sein

Das ist das Glück!
Weil ich Gott meine Freundin
und Lebenspartnerin nennen darf,
kann es nur gut werden, mein Leben

Gutes Leben heißt nicht leicht,
sondern sinnvoll und ehrlich
verantwortlich leben,
tief durchdrungen von Geistkraft

Hoffnung
ermöglicht ein gutes Leben
unkonventionell, gerne –
das lässt mein Herz offen
für Überraschungen

HOFFNUNGSSAMEN

Manchmal
braucht es
einen kleinen Samen

Gesät
am Wegesrand

Kann Hoffnung bringen
Freude verbreiten

Samenkorn
wächst zu neuem Leben

Bringt
Farbe in den Lebensweg

Säe
bringe Freude

Erinnere
an das Wunder
der Auferstehung

HOFFNUNGSFUNKEN

Wenn Hoffnung Funken schlägt
und ansteckt zur Begeisterung,
dann kann Ostern werden.

Wenn an Ostern Hasen hüpfen
zum Zeichen von Neubeginn
und Lebensglück,
dann kann es bunte Eier regnen.

Wenn Hühner Eier legen,
dann lässt das hoffen
auf beginnendes Leben
in flauschig-gelbem Gewand.

Bunte Eier im Karton
brauchen liebende Hände
und genießende Gaumen.

Hoffnungsfunken
sind Unken,
die zu Prinzen
sich verwandeln.

Und an Ostern
Hühner zum Eierlegen bewegen
oder Hasen mit Körben
voll bunter Schokolade zum Springen bringen.

Hoffnungsfunken
entfachen das Feuer von Ostern
in der Nacht des Erwachens
zum Segen über das Kind.

Hoffe und singe,
Christ ist erstanden,
Sieger über den Tod!

FRÜHLINGSGLÜCK

Auferstehung
zeigt sich in jeder Zwiebel,
die in den Boden gesteckt
lustig ihre grünen Arme
in die Sonne reckt.

Frühling
ist frühes Erwachen
aus Tod und Begräbnis
in braunverwesender Blättergewalt
nach kalten Tagen im Schnee.

Ein Glück gibt es Farben,
die gepinselt werden können
auf die Blüten von frischem Leben
im Garten der Freude,
der zeigt: Alles lebt!

Frühlingsglück
ist die Begeisterung
von Sonne und wachsender Natur
nach trostloser Zeit
in dunklen Gedanken.

Es ist
das Auferstehen der Natur,
das zeigt:
Jesus lebt
und so auch wir!

FRIEDENSAUFTRITT

Der Abend
des ersten Tages
der ersten Woche danach

Der Abend
des ersten Tages
nach schmerzlichem Verlust

Die Jünger
sitzen beisammen
hinter verschlossenen Türen

Die Jünger
sitzen beisammen
wissen nicht ein noch aus

Jesus
tritt in die Mitte
braucht keine Tür

Jesus
öffnet den Ausweg:
Friede sei mit euch!

EMMAUS

Auf dem Weg
zu zweit und doch allein

Traurig
Hoffnung verloren
vernebelte Sicht

Ausweglos
der Weg

Schmaler Grat
zwischen gestern und heute
ging die Welt unter
wie es schien

Zwischen gestern und heute
alles zu Ende
wie es schien

Das Brot
bringt Hoffnung

Wieso blieb er unerkannt?

Brett vor'm Kopf
den eigenen Freund nicht erkannt
in Trauer versunken

Hirnverbrannt
der Gedanke
Gedankenlosigkeit des Gehens
gemeinsam und einsam
unerkannt

Jesus dabei
zwischendrin, mittendrin

Schmaler Grat
zwischen Himmel hoch jauchzend
und zu Tode betrübt
zwischen Jerusalem und Emmaus
liegen Welten und doch nur ein kleiner Spalt

AUGEN AUF

Und siehe!

Zwei Jünger
auf dem Weg

Auf dem Weg
in ein Dorf

Ein Dorf
Emmaus

Jesus
kommt hinzu
geht mit ihnen

Den Jüngern
gehen die Augen auf

AUFBRUCH

Jesus in der Mitte
unerkannt

Bleibe bei uns
es wird Abend
der Tag hat sich geneigt

Bei Tisch
nimmt Jesus das Brot
spricht den Lobpreis
bricht das Brot

Augen werden aufgetan:
Es ist Jesus!

Brannte nicht unser Herz?!
Lasst uns aufbrechen!

Trotziges Vertrauen

Quasimodogeniti

KIND GOTTES

Gott sehen,
wie der ungläubige Thomas,
das ist oftmals
ein unerfüllter Wunsch

Vertrauen,
sagt sich schnell
so pathetisch dahin

Vertrauen,
das können nur Kinder?
Vertrauen
sollen die Kinder!

Ihren Eltern,
Lehrerinnen, Autoritäten, Erziehern,
sich beugen ohne Widerworte,
tun, was befohlen wird

Ist das Vertrauen?

Nein!
Das ist Naivität!
Machtmissbrauch!

Vertrauen ist
nicht Abgeben des Verstandes,
nicht Aufgeben von klugem Denken

Vertrauen ist
keine Hörigkeit,
kein blinder Gehorsam

Vertrauen ist
eine tiefgehende Liebe,
ein Sich-Einlassen
in enger Verbundenheit

Keine Hierarchie,
sondern Augenhöhe

Gott sehen
in seiner Liebe
als Kind Gottes
immer mehr

Das ist der Weg
des Vertrauens

WARUM BIST DU SO VERWIRREND?

Es ist schwer zu glauben,
dass Feuer belebt
und Zeichen göttlicher Erfüllung sein soll

Feuer
vernichtet und erhitzt,
tötet und verkohlt,
verletzt und verhindert Leben

Nun soll es plötzlich
Zeichen göttlicher Lebensfreude
und Zuversicht sein?!

Gott,
manchmal bist du verwirrend
und mein Hirn verknotet
im Versuch nachzuvollziehen,
was die Hoffnung aller Hoffnungen sein soll

Gott,
manchmal bin ich naiv,
doch ist es das Vertrauen in deine Liebe auch?

Warum hättest du ansonsten
Welt und Mensch und Tier
und Blume und Baum und Strauch
und Pflanze und Käfer und Fisch
geschaffen,
wenn du all dieses nicht lieben,
verteidigen und schützen wollen würdest?

Gott,
ich liebe,
dass du so unkonventionell bist!

GOTTVERTRAUEN

Gottvertrauen
auf Gott bauen

Nicht
resignierend
verstummen
nicht verstecken
vor den Aufgaben des Lebens

Sondern
befreit sein
zum Leben und Tanzen
Hand in Hand
mit Gott

Mutig sein dürfen
geschützt
gesegnet mit Stärke
in göttlicher Musik

Den Namen Gottes musizierend
schwungvoll
verspielt tanzen
Wohlklang sein

Gottes Melodie
ist mir Kraft
gibt mir Stärke
Lebensrhythmus

Gottes Lied
wachen Auges singen
im Tanzsaal der himmlischen Burg

Auf Gott bauen
Gottvertrauen

ECKSTEIN

Stein
von Bauleuten verächtlich zurückgewiesen

Baustein
auf den alles gründet

Eckstein, Eckstein
alles muss versteckt sein

Nicht wahrgenommen
verborgen in dieser Welt

Dabei ist es
die einzige Lösung
der einzige Weg
die einzige Hoffnung, die tragen kann

Auf Erden
sind die Wege des Herrn
unergründlich

Weil
der Herr
unsere Gottheit
in ihrem ganzen Sein
unergründlich ist

Das mutet uns viel zu
in einer Welt,
die alles erforscht
und berechnet

In einer Welt,
in der es
Unmögliches nicht zu geben scheint

Irrtum!

Gottes unergründliche Wege
sind manchmal eine Zumutung,
und sie fordern heraus

Pläne umzuwerfen
Unerforschtes zu wagen
Unglaubliches zu glauben
Unmögliches möglich zu machen

Eckstein sein
zur Ehre Gottes

EINZIG GOTT

Die Qual der Wahl
lässt es manchmal zu,
dass Umwege, Abwege, Irrwege
die Sicht verstellen

Einzig Gott

Glasklar,
wirksam in allem
und doch so oft
in Frage gestellt

Von außen betrachtet

Vielleicht
nicht immer auf den ersten Blick logisch,
nicht eindeutig berechenbar,
unbegreiflich

Und doch

Lohnenswert,
denn nachhaltig gedacht
kann allein Gottes Botschaft
die Lösung aller Dinge sein

Gebot der Liebe

Gott
unverstellt

Gott
einzig

Gott
grenzenlos

TROTZDEM

Menschen scheinen unberechenbar,
trotzdem lohnt sich Vertrauen.

Dunkelheit bereitet Angst,
trotzdem lohnt sich die Suche nach Licht.

Diskriminierung greift um sich,
trotzdem lohnt sich das Streben nach Gerechtigkeit.

Das Leben besiegt den Tod,
da küsst der Himmel die Erde.

Und haucht ihr Trotzkraft ein.

MATHEMATISCHE RECHNUNG

Formel der Unendlichkeit,
Gott ist wie die Zahlen
begreifbar unbegreiflich
in Zeit, Raum und Phantasie

Die Rechnung der Unendlichkeit
geht nicht auf,
weil sie unerreichbar
unbegreifbar bleibt

Neben der exakten Wissenschaft
bleibt stets der Funke Hoffnung,
der auch die Wissenschaft
voranbringt

Gott
und du und ich
sind in glaubender Verbindung
ein Gespann, das trägt

Rechne bis in den Wahnsinn
und wenn du angekommen bist
in der Unendlichkeit,
dann klopf an
und sieh, wer öffnet:

Gott,
unendlich ohne Maß
maßlos
über alle Maßen erfreut

Schmunzelt über die Rechnung,
die der Ewigkeit
auf die Schliche kommen will,
die von der Ewigkeit
in den Wahnsinn getrieben wird,
und den Menschen
berauscht

Gott,
unfassbar
unbegreifbar
unberechenbar

Lege den Taschenrechner
zur Seite,
vertraue!

LANDSCHAFTEN DES LEBENS

Die Landschaften des Lebens
machen es mir nicht immer leicht

Wenn Wolken des Unmuts
bereits am Morgen den Nasenhügel erklimmen

Wenn das Tal des Alltags
überschwemmt ist von Tränen der Trübsal

Wenn die Insel der Glückseligkeit
Gedanken stranden und versanden lässt

Dann spannt sich immer wieder der Regenbogen über das Meer

Dann verbinden sich die Elemente
zu bunten Farben

Dann ertönt aus dem Nichts das Lied Noahs
und erinnert an Gottes unendliche Liebe

Die Landschaften des Lebens
machen es mir nicht immer leicht

Doch immer wieder spannt sich Gottes Liebe
im Bogen um mich herum,
schließt mich ein,
durchdringt mich leuchtend und spricht:

Getragen bist du, Mensch,
in mir

Fühl dich umarmt
und sorge dich nicht

MANCHMAL GEHT DAS LEBEN ANDERS

Manchmal geht das Leben
anders als geplant
Immer ist da jemand, der uns begleitet

Segne uns mit Vertrauen
in deine Fürsorge
Schenke uns Selbstvertrauen

Manchmal wollen die Füße
den Stand versagen
Immer ist da eine, die uns stützt

Segne uns mit Mut
zur Umkehr
Schenke uns Kraft und Zuversicht

Manchmal scheint uns
dein Plan nicht eindeutig
Immer gibt es Wege und Möglichkeiten

Segne uns mit Optimismus
auf steinigen Wegen
Schenke uns Achtsamkeit

Manchmal wirken Politik, Kirche und Systeme
durch ungerechte Machtstrukturen
Immer gibt es Hoffnungsfunken, die entmachten

Segne uns mit Glauben
an Veränderung
Schenke uns einen Sinn für kleine Schritte

Gott, du bist Mensch und Gottheit zugleich
Immer bleibst du

Segne uns mit wachen Augen
und tatkräftigen Händen
Schenke uns Vertrauen in deine Idee
von einer guten Welt

Hirte und Schaf

Misericordias Domini

STALLGERUCH

Kind Gottes zu sein
bedeutet
nach Stall riechen zu dürfen

Schaf sein
in sorgender Gemeinschaft
emotional achtsam
Wasser im Trog

Frieden finden
in einer Herde
die sich verbindet
im Sinne unserer Gottheit

Frieden leben
in Vielfalt
Dreifaltig
Gott Vater und Mutter
Gott Sohn
und Heilige Geistkraft

Frieden haben
schon auf dem Weg
trotz steiniger Pfade
und finsterer Täler

Erfüllt werden
vom unendlichen Licht
der Herrlichkeit
des Hirten

DAS EWIGE SCHAF

Schaf und Kind
wollen behütet sein

Kind und Schaf
wollen begleitet sein

Kann ein Mensch
je ganz erwachsen werden?

Ist dann
das Bedürfnis nach
Fürsorge und Liebe,
Begleitung und Schutz,
Orientierung und Auseinandersetzung
überflüssig?

Kind und Schaf sein,
oder wieder werden
und bleiben

Der Schlüssel zum leeren Grab
dreht sich nur langsam
im Schloss des Stalls
mit Krippe und Esel und Kreuz

Der Schlüssel dreht
ein Leben lang

Wir dürfen sein
ewige Schafe
und Kinder der Ewigkeit

HIRTE UND SCHAF

Für wen
gebe ich mein Leben?

Bin ich bezahlbar
käuflich
berechnend?

Wer sind
die mir anvertrauten
Schafe?

Gleichsam stellt sich die Frage:
Wen kenne ich wirklich?
Wer kennt mich?

Ist es nicht übergriffig
zu behaupten:
Ich kenne dich wirklich?

Grenzüberschreitend
der Gedanke,
dass jemand behauptet,
dass er mich kennt

In meinem gesamten
Denken und Verstehen,
Tun und meiner Motivation,
in Gefühlen und Sachverstand

Es könnte Angst machen,
wäre der Hirte nicht gut
und wäre der Hirte nicht Gott

Nicht berechnend
ohne Hintergedanken
einfach Liebe
ohne Eigennutz
und Bemutterung zur Selbstbestätigung

Gott
guter Hirte
in Hingabe
für jede und jeden

Ich
kein Einzel-Schaf
Herdentier
und dennoch einzigartig

FREIES FELD

Freies Feld
und freier Fall
in weiter Flur

Der Himmel geöffnet
und sternenklar
segnet die Schafe
und nennt jedes beim Namen

Das Feld
als Spielplatz
für Herde und Hirt

Lebensraum
schenkt Zuflucht und Weite
Wärme am Feuer
erzählt knisternd alte Geschichten

Vergangene Zeiten
die schon verhießen
dass Gott als Hirte wacht

Sternklar der Himmel
kalt ist die Nacht
sodass Mensch und Tier
einander mit Wärme beschenken

Klug ist der Mensch
der begreift
dass Schöpfung einander braucht

Menschen und Tiere
im Einklang mit Pflanzen und Gesteinen
bedürfen der Achtsamkeit
im Umgang mit den Vorräten der Erde

Freies Feld
als Aufgabe
mit Verantwortung
ohne Freifahrtschein
aber in Freiheit

NACHFOLGE

Wer geht voran,
wenn ich folge?

Wem folge ich,
wenn ich wandere?

Was treibt mich an,
auf meinen Wegen?

Mit Stab in der Hand
kann ich wandern

Stab der Erkenntnis,
dass nicht jeder Weg vorhersehbar ist

Erkenntnis,
dass Gottvertrauen mich tragen kann

Gott vertrauen
als Wanderschuh durch Feld und Wald

Wanderschuh mit fester Sohle,
wenn ich dir folge

Nachfolge
in christlichem Auftrag

Christlicher Auftrag
der Liebe zum Nächsten

Nächstenliebe
wird zur Folge

Folge dem Hirten,
der Sorge trägt für seine Schafe

Sei Schaf
und schenke Vertrauen

Vertrauen
in fürsorgende Hände

AUF HEU GEBETTET

Gott sorgt für mich

Geborgen und auf Heu gebettet
darf ich ruhig schlafen

Guter Hirte

Wachsam verteidigend
gegen jeden Feind

Heu als Bett

Warm und beschützt
als Teil deiner Herde bin ich getragen

Zelt als Wanderherberge

Glaube in Bewegung
Orientierung am Hirtenstab

Rucksack gepackt

Sorgsam versorgt
mit allem, was ich brauche

Begleitet auf dem Weg

Wenn der Weg mich durch Schluchten führt
und abends müde meine Füße zur Ruhe finden

Weil du, Gott, mir Hirte bist
auf meinen Wegen

Freude an Gott und dem Leben

Jubilate

DA WURDE DER MENSCH

Da wurde der Mensch
atmendes Leben

Geschaffen und beschenkt
mit Auftrag zur Bewahrung

Atem Gottes
eingehaucht in den Menschen
ermöglicht Verantwortung

Gestaltungsspielraum
als Geschenk und Aufforderung
Sorge zu tragen
in diesem Garten Eden

Acht zu geben
auf Mensch und Tier und Pflanze

Arbeite!
Aufsicht und Umsicht
sind deine Aufgabe!
Sei aufmerksam!

Auftrag Gottes
an die Menschen jeder Generation
von Beginn an

Gott traut dem Menschen etwas zu!

HEILIG, DER SIEBTE TAG

Nach schwerer Arbeit
verantwortungsbewusst getan
sorgsam durchgeführt

Himmel und Erde
sind geschaffen
das große Kunstwerk aller Zeiten
ist vollendet

Heilig
der Sonntag

Ruhetag
Erholung
sich bedenken
in Beziehung setzen zu Gott

Gott segnet
den siebten Tag
Gott heiligt
den siebten Tag

Heilig
die Vollendung der Welt

Gesegnet
der siebte Tag
heilig

GOTT HAT ALLES GUT GESCHAFFEN

Preist und singt Lob
So vollkommen ist alles, was lebt

Die Einstellungen des Betriebssystems
hat Gott gut durchdacht

Schöpfung
als Maschine in Perfektion

Jede Schraube
richtig gesetzt

Jedes Öl
richtig gewählt

Einziger Haken der Mensch
wird zum Sand im Getriebe

Wenn die Natur aus dem Gleichgewicht kommt,
weil der Mensch sich göttlich erhebt

Gott hat alles gut geschaffen,
der Plan vom Leben funktionierte

Mensch, höre gut hin und fühle den Rhythmus,
so findest du deinen Platz im perfekten System der Vielfalt

Schwinge dich ein, Mensch, in die Melodie von Lilie und Maus,
finde achtsam den Einklang mit Wind und Erde

Schöpfung, wie wunderbar
Der Schöpferkraft gilt Dank

VERANTWORTUNG

Schöpfung
braucht Verantwortung

Mensch,
trage Sorge

Nachhaltigkeit
als Schlagwort der Nation

Klimawandel
als Auftrag an die Welt

Artensterben
als Aufforderung zum Schutz

Verantwortung
ist die Antwort auf die Fragen
nach der Sorge,
die wir alle tragen
in dieser Welt
zu jeder Zeit

Verantwortung
braucht Menschen

Antworte
auf die Fragen

Sei achtsam
beim Gang durch die Natur

Sei bescheiden
im Konsum

Sei überschwänglich
in der Freude am Geschenk der Schöpfung

Wer garantiert,
dass die Welt
weiter besteht,
wenn niemand sich traut
die Tore des Überflusses
zu schließen?

Sei bereit!

ERNEUERTE SCHÖPFUNG

Lebensraum für alles Lebende
Zeichen dafür,
dass Gott gegenwärtig ist

Recht verschaffend
wirkt Gott im Menschen
durch den Menschen hindurch

Als Werkzeug
kann ich Gott Hände und Füße geben
auf dieser Erde

So kann das Abstrakte
auf konkrete Füße gestellt werden,
weil der Mensch eine Vorstellung braucht

Wir ringen um das Phänomen
der Gegenwart Gottes
in dieser Welt
auf dieser Erde
schon immer

Gott verschafft uns Recht

Dieses Privileg
verpflichtet unermüdlich zu Gerechtigkeit

In dieser nie endenden
Erneuerung der Schöpfung
ist Gott wirksam,
schenkt Lebensraum

EIN PSALM

Ein Psalm
Lied für den Herrn
Saitenspiel der Freude
Plädoyer für den Optimismus in uns

Leben in Fülle
auf der Erde
Land und Meere
Gottes Schatz

Weg
hinauf zum Berg Gottes
wo Gottes Heiligkeit nahe ist
Ehrlichkeit im Gepäck
und Gerechtigkeit

Suche
nach Gottes Gegenwart
Frage der Nation
heute
nach Gott fragen

Öffne Herz und Hand
Bauch und Verstand
Fenster und Tür
dass der Optimismus Gottes
Einzug halten kann

GOTT WIRD SICHTBAR

Im kleinen Lächeln
an der Straßenbahn,
im Gesicht meiner Nachbarin
lächelt Gott mir zu

In der Blume,
die ausladend ihre Blätter
in die Sonne streckt,
spüre ich
die unbändige Liebe

Bin angenommen
und darf sein
wie ich bin,
denn auch in mir wird Gott sichtbar

Ich brauch mich nicht verstellen,
in meinem herzhaften Lachen
singt Gott das Lied
der Freude

Wenn ich in der Blumenwiese liege
und ein Schmetterling
meine Nasenspitze streift,
dann spüre ich den Windhauch Gottes

In den Wellen der Flut,
die mich tanzend umgeben,
scheinen ganze Orchester der Urgewalt
mich in Obhut zu nehmen

Ich bin umfangen,
Gott ist sichtbar,
spürbar
in allen Tönen und Zwischentönen
meines Lebens

RENDEZVOUS MIT GOTT

Heute Abend
Gott begegnen

Rendezvous
ein Stelldichein
eine Verabredung
ein Treffen

nicht irgendeine Besprechung,
kein unbedeutender Termin

heimlich
romantisch
wichtig

Rendezvous mit Gott,
weil ich Gott begegnen will

Gott möchte mich treffen –
mitten ins Herz!

PARTNERSCHAFT MIT GOTT

Gott zur Freundin zu haben
ist ein Geschenk

Partnerschaft
ohne Wenn und Aber

Der Ring der Liebe
liegt wie Licht auf meinem Haar

Beziehung
in gegenseitigem Einvernehmen

Ich und du
und du und ich

Ein gutes Team,
sind eingespielt

Geben und nehmen
gleichen uns aus

Verbindung zum Leben,
die Leben schenkt

Getauft und gestillt
an Gottes reicher Brust

Gemeinschaft,
die trägt

Sinnhaft getragen,
zugedeckt mit Blumen der Behutsamkeit

Durch Partnerschaft mit Gott
in Ewigkeit verbunden

Himmel- und heimwärts

Himmelfahrt

JESUS HAT HEIMWEH

Woher du kommst
und wohin du gehst
ist schwer zu begreifen

Aufgefahren in den Himmel

Wo ist der Himmel
oder sind es viele Himmel?

Blauer Sturm
oder rote Stille?

Himmel,
nimm Jesus auf
und später auch uns

Jesus,
so sagt man,
sitzt zur Rechten Gottes

Und wer sitzt links?

Himmelfahrt
ist wie nach Hause kommen

Jesus wird erwartet,
ersehnt

Die Tür ist mit Blumen geschmückt,
Gott lehnt im Rahmen,
heißt uns freudig willkommen

Links könnte Platz für dich und mich sein,
später,
wenn auch unsere Stunde gekommen ist

Dann wird der Tisch neu gedeckt,
mit frischem Brot und süßem Wein

Auch für uns gibt es ein Fest der Rückkehr,
der Himmel wartet in Vorfreude

Heimweh
ist schmerzhaft und schön zugleich

Heimweh ist Ausdruck
von tiefster Liebe

Jesus hat Heimweh
nach Himmel und Gott und Gestirn

AM VIERZIGSTEN TAG

Tag des Abschieds
von Freunden und Familie

Vierzig Tage
bleiben ihm
nach Auferstehung
und österlicher Überraschung

Tag des Aufbruchs
in eine neue Wirklichkeit

Am vierzigsten Tag
verliert Jesus den Boden unter den Füßen,
entscheidet über Bleiben oder Gehen

Tag,
an dem sich Himmel und Erde küssen

Jesus wird zum Liebesakt
zwischen den Gewalten des Alls,
stellt alle Geduld auf die Probe

Am vierzigsten Tag
zittert die Luft

Himmel und Erde
spielen verrückt,
die Sterne tanzen Tango

Vierzigster Tag,
magische Stunde

Fahre dahin

CHRISTI HIMMELFAHRT

Genau am vierzigsten Tag
der Osterzeit
ist Christi Himmelfahrt

Auferstehung
Jesus spricht
noch vierzig Tage
zu seinen Jüngern

Und dann:
Rückkehr
des Gottessohnes
zum Vater im Himmel

Christi Himmelfahrt
Jesus ist aufgehoben
beim Vater
im Himmel

Eine neue Türe öffnet sich
gibt Mut, Hoffnung
und Zuversicht

Umbruch zeigt:
In jedem Ende
liegt ein Neubeginn

GOTTES WILLKOMMENSGRUSS

Wenn der Himmel einmal im Jahr
Tag der offenen Tür feiert,
dann lugt Gott durch die Fenster,
ganz heimlich
und spürt Vorfreude

Ich bin bei euch alle Tage

Tag der offenen Tür im Himmel
ist ein Vorgeschmack
auf eine Zeit,
die heute
noch undefinierbar scheint

Gott bereitet das Eintreffen Jesu vor

Mit Lichteffekten
am Himmel
und wilden Winden
schickt Gott Wolken zum Geleit
auf dem Weg zur ewigen Tür

Gott ist aufgeregt

Der verlorene Sohn
kehrt zurück,
braucht ein zu Hause
und eine tröstende Hand,
warmes Bad und guten Schlaf

Gott ist gespannt auf Jesu Reisebericht

Herzlich Willkommen zurück,
mein liebstes Kind!

HIMMEL UND ERDE VERBINDEN SICH

Raus aus der Kirche

Frei
ist der Himmel
schenkt Luft zum Atmen
und Autonomie

Auf dem Feld
ein Gebet
zur Ehre Gottes
lässt Wolken tanzen
und Schmetterlinge ein Loblied singen

Ähren
wiegen leise im Wind
wenn Himmel und Erde sich verbinden
weil an Himmelfahrt
der Himmel
leise die Erde küsst

Weil an Himmelfahrt
liebend der Himmel
die Erde in sich aufnimmt
in menschlicher Gestalt
und göttlichem Glanz

Unbändig
die himmlische Kraft
die Felder bestellt
zum Segen

Rein ins himmlische Paradies

LEITER ODER EINBAHNSTRASSE

Steige auf
wie Seifenblasen
in buntem Schimmer

Stück für Stück
ganz zart und sanft
schwebend balancieren
auf der himmlischen Leiter

Eine Straße
zum Himmel
kein Gegenverkehr
zurück kam schließlich noch niemand

Straße
ohne Autos
Einbahnstraße in göttlicher Mission

Erde, singe
von unendlichen Weiten
und von auferstehender Hoffnung
in hellem Licht

Staune
über Sphären
die in Vielzahl
und unendlicher Dimension
niemals zu greifen sind

Zum Himmel fährt jener
der einst vom Himmel gesandt
Erde und Himmel verband

Gottes Geistkraft für die Menschen

Pfingsten

PFINGSTEN

Es wird hell
denn ein neues Licht kommt herab

Es fordert mich auf
zum Nach-Denken
zum Um-Denken
zum Neu-Denken

Pfingsten
göttliche Sprachbegabung

Der Turm von Babel stürzt
Einheit und Verständigung
Gott richtet die Menschen neu auf

Feuerzungen
für eine neue Erde

Licht vom Himmel
für einen anderen Blick

Gott
zeigt sich uns
mit Geistfeuer
und Lebenskraft

GEBURTSTAG

Geburtstag der Kirche
heute

Pfingsten
das Fest der vielen Sprachen
in einem Sinne

Das Fest der Feuerzungen

Tosendes Brausen
und Atem Gottes

Die Kirche hat Geburtstag

Ein Freudentag
ein Trauerspiel

Sorge für die Seele
und Machtmissbrauch

Der kirchliche Geburtstag

Gedenktag dessen,
was Gottes Auftrag an den Menschen ist

Pfingsten
die Erde bebt und braust
Menschen sind verwirrt

Heute
braucht es neue Perspektiven
für ein altes System

Heute
Pfingsten!

PFINGSTFEUER

Gott hat seinen Atem
in mich gehaucht

Ich spüre
wie ich atme
ein und aus

Feuer

Kann Angst machen
und wärmen

Kann zerstören
und verbinden

Ist nicht klimaneutral
und knistert schön

Verzehrende Flammen
Brandgefahr
Kaminfeuer
und Kerzenschein

Pfingstliches Feuer
der Funke springt über
von Gott zu Mensch
von Mensch zu Gott
von Mensch zu Mensch

BERÜHREN UND ANSTECKEN

Gott
ist gegenwärtig im Geist

Lassen wir uns berühren,
anstecken und erfüllen

Gottes Geistkraft
gibt uns Stärke

Der Kraft Gottes können wir Raum geben,
im Leben zu wirken:
innehalten im Alltag
und beim Gang durch die Natur

Die Kraft
stärkt uns auf dem Weg
mit dem Licht Jesu Christi

Das Licht weitergeben:
ermutigend, tröstend und begleitend,
an der Ampel, im Supermarkt,
mit helfendem Wort
und freundlichem Blick

Jesus Christus ist Friede,
Begleitung auf allen Wegen

GOTTES WERKZEUGKASTEN

Nehmt die heilige Geistkraft auf
verinnerlicht Gott

Mit Herz und Hirn
Gott ins Leben übersetzen

Friede sei mit euch
Friede möchte gelebt werden

Friede
Wertschätzung auf Augenhöhe

Lebenskraft
die Leben schafft

Menschen
dienen einer gerechten Welt
als Werkzeugkasten Gottes

Pack an!
Anstelle leerer Worte

Schrauben drehen
lebendiges Holz verbinden

Holzköpfe
zum Leben erwecken

Mit der Zange
den Zahn der Ungerechtigkeit ziehen

Mit Hammer und Nagel
Vorurteile ans Kreuz schlagen

Dem Schubladendenken
keinen Raum geben

Mit dem Bohrer
Durchbrüche beginnen

Absägen
was nicht trägt

Gott sichtbar werden lassen
dem Frieden Form geben
ehrlich
offenherzig
unverblümt
mit Herz und Hand

Die Erde
als Werkstatt Gottes entdecken

BABEL

Manchmal höre ich
nur mein eigenes Ansinnen
und vergesse darüber
das große Ganze

Manchmal gibt es einen,
der mich antippt
an Schulter oder Stirn
und sagt: Denk doch mal nach, Mensch!

Manchmal macht Gott
mir einen Strich
durch die Rechnung

Manchmal baue ich Türme
der Unachtsamkeit
und der Eitelkeit

Manchmal brauche ich einen,
der meinen Turm
zum Einsturz bringt

Manchmal will ich hoch hinaus,
über Leichen gehen,
im Egoismus meines Handelns

Manchmal verrenne ich
mich in meine Wünsche,
stelle mir ein Bein,
so dass ich mich neu aufrichten muss

Immer ist da einer,
der mir einen Strich
durch die Rechnung macht
und mir aufhilft

KLARHEIT IN VERWIRRENDEN ZEITEN

Viele Sprachen,
ein Gott

Eine Geistkraft, die wirkt,
unabhängig von Herkunft und Geschlecht

Eine Geistkraft,
wirksam in allen Sprachen,
verschieden und doch gleich

Wort und Wortkraft,
Medium und Gebärde
stehen hinter Inhalt
und Kraft des Geistes

Die Geistkraft
lässt sich nicht beirren,
auch wenn Menschen verwirren,
ist sie klar,
ohne Umschweife zu verstehen

TANZ AUF DEM SEIL

Freiheit
prophezeit der Geist Gottes

Frei von weltlicher Kür,
die Erfüllung findet,
in weltlicher Pflicht

Strukturen von Macht
bedienen das System der Ungerechtigkeit,
gelebt in Missgunst und Konkurrenzdenken,
gefüttert mit Machtmissbrauch und Materialismus

Freiheit
bedeutet die Ausrichtung auf Gott

Hin zu Vielfalt,
gelebt in Gleichberechtigung und Wertschätzung,
umgesetzt durch Drahtseil-Spaziergänge
auf dem Seil des Lebens

Nicht schwarz oder weiß,
sondern genau hinsehen

Die Balance finden,
immer wieder nachjustieren,
nicht allgemein,
sondern individuell und konkret

Die Geistkraft wirkt im Kleinen,
bei jeder Einzelnen und in jedem Einzelnen
besonders

Gleichgewicht
in freier Schwebe,
in der Mitte ruhend,
die Arme zu den Seiten ausgestreckt,
mit dem Blick nach vorne
den Boden nicht verlieren

Stehend,
gehend auf dem Seil des Lebens

Ins Wanken kommen,
ausgleichen,
Gewicht verlagern,
Werte neu sortieren

Von der Mitte aus
hat man alle Seiten im Blick
streckt beiden Richtungen die Hände entgegen,
die Stirn zum Himmel gehoben,
mit den Füßen am Seil

Gottes Geistkraft
ist die Mitte
beim Drahtseilakt

Gottes Geistkraft
ist der Rhythmus
zum Tanz auf dem Seil

Drei in Einem

Trinitatis

DREI

Ein Kind in der Krippe,
zwei Menschen auf dem Weg,
drei bilden im Stall die heilige Familie

Ein Hirtenhund und
zwei Schafe sind behütet,
drei Hirten wärmen sich am Feuer

Ein König
trifft zwei andere
und zu dritt folgen sie dem Ruf

Eine Mutter im Himmel,
eine Geistkraft, die uns umfängt,
und ein rettender Sohn,
Dreieinigkeit als Mensch geboren

Gott dreifaltig
in unendlicher Entfaltung,
drei Ecken
ecken an,
stellen die Welt auf den Kopf

Über mir,
in meiner Mitte
und unter den Füßen:
Gott dreimal
bei mir

EINHEIT IN VIELFALT

Viele Farben,
bunte Wunder,
volle Gläser,
zahlreiche Melodien

Führen sich
im Lied der Liebe
zusammen
zu einem Oratorium

Viele Früchte,
bunte Wälder,
volle Blüten,
zahlreiche Gräser

Fallen gemeinsam
in den Korb der Einheit
und verbinden sich
zur Fülle

Einheit
in Vielfalt
ist Reichtum
und Friede

ATEM GOTTES

Ruach
Bewegte Luft
Wind, Energie und Kraft

Aber auch:
Atem, Gemüt, Lebensgeist und Charisma

Weht am Beginn der Schöpfung
sie erfasst Menschen
sie gibt ihnen das Leben

Ruach
als Schöpfungskraft
eingehauchtes Leben

Pneuma
Geist
Leben schaffende Gegenwart Gottes

Von ihr ist Maria schwanger
sie kommt bei der Taufe auf Jesus
sie wirkt in Jesu Worten und Handeln

Lebenskraft,
die wirkt
in den Menschen
in der ganzen Gemeinde
in der Nachfolge Jesu

Pneuma
Gegenstück
zur natürlichen Schwäche des Menschen

Heiliger Geist
eine Person
in göttlicher Dreifaltigkeit

Gottes Geistkraft
männlich und weiblich zugleich
Beziehungsarbeit
in göttlicher Gemeinschaft

Ruach und Pneuma
der Geist der Liebe
Gott ist Liebe

LEBENSATEM

Wenn der Wind
durch meine Lungen zieht,
wenn ich schlürfend
Gott zu inhalieren meine,
dann ist sie da

Die Weite,
die mir Raum gibt

Ruach
umfängt mich,
wie die Nordsee
mit ihren brausenden Wellen

Gott in mir
Salz in jeder Pore

Erleichterung
aufatmen
spüren, getragen zu sein

Gleichsam
Kraft und Leichtigkeit

Ruach
weiblich gebärend
sanft begleitend
feminin

Frei von Machtgedanken
verspielt
Freiraum schaffend

Atem Gottes
in allen Dingen

VATER UND MUTTER

Vater und Mutter
um uns herum

Führst Gutes im Schilde
und gibst uns Hoffnung

Kreativität präge alles Tun,
wenn Menschen einander Wegbegleitung schenken

Versorgung
mit Brot an jedem Tag
und was immer fehlen mag

Vergebung
von Herzen,
gegenseitig und in demütiger Haltung

Entschuldigung
für ungewollte
und dennoch immer wieder entstehende Verletzungen

Durch die Verführung hindurch
rüste uns aus,
Mutter und Vater

Schenke uns Mut,
in deinem Sinn zu handeln

Gott,
Mutter und Vater,
sei um uns und in uns
und lenke unser Tun

So sei es!

MEDITATION FÜR DEN VATER

Vater,
ungebrochen gebrochen,
unerhört
verschaffst du dir Gehör

Vater,
verkannt
in Gestalt
und Natur

Es heißt,
du bist stark und groß,
mächtig und kraftvoll,
vergießt keine Träne

Vater,
du zeigst dich im Sohn
weinend und verletzlich
im Schoß der Mutter

Vater,
ich wünsche den Menschen Mut,
dir Tränen des Mitgefühls
zuzugestehen

Vater,
weine und ringe mit mir,
gemeinsam ist unser Weg,
du schenkst mir Kraft in gemeinsamer Schwäche

Vater,
weine mit mir!
Weine
und sei gerührt!

BUNTER FADEN FÜR DAS LEBEN

Allein ein roter Faden
reicht nicht aus,
es sei denn
dieser rote Faden ist,
dass alles bunt sein soll

Gott begegnet mir
in vielen Farben,
ist unendlich definiert

Rot und Blau wird Violett,
Gelb und Blau
gibt Hoffnungsgrün

Bunter Faden
für das Leben,
Regenbogenfisch im Sonnenuntergang

Gott ist ein bunter Faden,
verwoben
mit Welt und Gestirn

Sein Kleid ist Licht und Farbe,
schillernd, aus ewigem Zwirn

Gleicht der Seifenblase,
dem Bogen am Himmel,
dem Strauß in der Vase

Gott bunt und in Farbe,
Begegnung in lebhafter Weise

Es braucht den bunten Faden,
der trägt und sich mit mir verwebt,
der allem Leben Farbe gibt,
weil er das Bunte liebt

DIVERSITÄT GOTTES

Gott Vater
Gott Mutter

Gott Kind
Gott Bruder

Gott Freundin
Gott Bräutigam

Gott Geistkraft
Gott Lebensatem

Gott,
du bist alles für mich

Mann und Frau
und Kind und Greis
und Verwandter und Freundin

Und vor allem bist du divers,
weil du keine Grenzen kennst

Bunt wie der Regenbogen
zeigt sich dein Gesicht

Verantwortung

Trinitatiszeit (1., 5., 8., 9. 13., 18., 20. und 21. So. n. Trinitatis)

SENDUNGSAUFTRAG

Sendung
Sendungsbewusstsein

Gottes Licht in die Welt tragen
und zeigen,
dass es lohnt

Und zeigen,
dass es verbindet

Und zeigen,
dass es trägt

Gottes Licht
will nicht alleine leuchten

Gottes Licht
Geschenk und Gabe

Gottes Licht
Wärme und Erleuchtung

Licht
Symbol der Sendung

Es wird hell!

GESALBT UND GESENDET

Von Gott gesalbt,
aus Trauer und Gefangenschaft zu befreien

Von Gott gesendet,
zum Frieden anzustiften

Von Gott erfüllt,
Gerechtigkeit zu leben

Gesalbt und gesendet und erfüllt –
ein jeder von uns
eine jede

KOPFSTAND

Wo
lasse ich
Gottes Geist
spürbar werden?

Wofür
setze ich mich
ein
und wofür in Bewegung?

Wie
zeigt sich
Gottes Herrlichkeit
in meinem Alltag?

Welchen
Samen säe ich
und welche Pflanze
begleite ich beim Wachsen?

Wann
nehme ich mir Zeit
für die Begegnung mit Gott?

Wer
ist mir Begleiterin
und wer Vorbild?

Bin ich bereit
mein Leben auf den Kopf zu stellen
oder auf den Kopf stellen zu lassen?

Kopfstand erwünscht!

VIELE GRÜSSE VON GOTT

Liebe Menschin und lieber Mensch,

höre in dich hinein,
da schlägt vielleicht ein Herz

Zwei Hälften
im Gleichgewicht miteinander vereint

Zufluss und Abfluss
ermöglichen das Leben

Dein Atem strömt
in eine Lunge aus zwei Flügeln

Rechtes und linkes Auge
für den räumlichen Blick

In dir selbst liegt die Lösung,
liebe Menschin und lieber Mensch

Schwing dich ein
in den Rhythmus eines gesunden Miteinanders

So funktioniert es in dir,
bei Niere, Ohr und Beidhändigkeit

So funktioniert es in der Schöpfung,
bei Blume, Tier
und in Naturgewalt

Alles braucht seinen Ausgleich,
gesundes Gleichgewicht

Es braucht Frau und Mann,
jung und alt,
These und Antithese

Das ist die Provokation,
die Aufgabe des Lebens, die du zu lösen hast

Sei achtsam
und trage Sorge,
liebe Menschin und lieber Mensch

Du brauchst und du wirst gebraucht

Viele Grüße
von Gott!

IST HEILIG UNERREICHBAR?

Verfolgung, Beschimpfung und Lüge?
Muss ich mir das gefallen lassen?

Barmherzigkeit und reine Herzen?
Wer hat das schon,
was soll das sein?

Ist Heilig lebenswert?
Der Einsatz für Frieden und Gerechtigkeit,
Trost und Sanftmut?
Kann es sich lohnen,
dass auf Erden
ein kleines Stück Frieden
gelingt?

Ist Heiligkeit
ein zu erreichendes Ziel,
wie das Bundesverdienstkreuz,
wie ein Orden,
ein Pokal?

Oder das Ergebnis
einer lebenslangen Prüfung?
Die Endnote auf dem Zeugnis des Lebens?

Heilig könnte sein
ein Geschenk,
eine Gabe Gottes,
mir in die Hände, ins Herz gelegt

Heilig könnte sein
Verantwortung für eine gute Welt zu tragen,
selbstlos
für Gottes Welt,
dass sie gut ist,
dass sie gut wird

Heilig könnte sein
der Blick auf einen Menschen,
der mich anrührt,
weil mir Gott in ihm begegnet

Heilig ist
ein kleines Stück vom Himmel
auf der Erde zu sehen

Spüren,
dass es gut ist,
zu tragen
und getragen zu sein

Heilig ist
die Zeit in Gottes Nähe

FÜRBITTE

Innehalten
Gedanken sortieren
Licht werden

Denken an Menschen
die meiner Gedanken bedürfen

Lob und Dank
münden lassen in die Bitte
für den Anderen

Den Nächsten
in Herz und Gebet schließen

Fürbitte
als Licht gewordenes Wort

In Berührung kommen
mit dem Himmel

DAS KANN FÜRBITTE SEIN

Als Herdentier
Verantwortung übernehmen

In Gedanken und Worten
Bezug nehmen
auf die Andere

Den Anderen
in Beziehung setzen
zu Gott

Alle Sorgen
Gedanken
Beziehungsgeflechte
auf Gott werfen dürfen

Das kann Fürbitte sein

LEBEN UND LEBEN LASSEN

Leben
und Leben lassen

Verantwortung haben
und Verantwortung lassen

Verantwortung lassen,
sich selbst
aus der Verantwortung stehlen

Leben lassen,
sich treiben lassen
im Wahnsinn der allgemeinen Meinung zum Gemeinwohl

Gut, dass alle wissen,
was alle brauchen,
dann braucht es das Denken
der Einzelnen wohl nicht mehr

In der Bequemlichkeit der Masse
träge aufhören,
die Vertretbarkeit der Sache
zu überprüfen

Leben lassen,
weil das Rückgrat fehlt
ist Leben lassen,
also sterben

Justiere nach,
stehe ein
und stehe gerade
für Freiheit,
die oftmals unbequem verlangt,
den schmalen Weg zu gehen

Wenn Freiheit heißt,
massiven Druck zu spüren,
dann ist die Frage,
ob alles stimmt
mit der Solidarität

Solidarität
kann nicht erzwungen werden,
dient keinem Spiel der Macht,
beruht auf Nächstenliebe

LIPPENBEKENNTNISSE

Die Frage ist,
wofür ich stehe

Was sind meine Werte,
was treibt mich an,
was treibt mich um?

Ist es
der sehnliche Wunsch
nach einem schönen Leben,
egal auf wessen Kosten?

Ist es
die Hauptsache,
dass ich meine Interessen möglichst schnell verfolgen kann?

Da ist jemand,
Gott und Mensch zugleich,
der lässt sein Leben
für Gerechtigkeit auf Erden

Nicht für Kinobesuche,
nicht für das eigene Vergnügen,
nicht für die Nacht im Fünfsternehotel

Sondern für den Traum von Freiheit
für alle Menschen,
egal ob reich oder arm,
unabhängig von Herkunft,
Geschlecht und Familienstand

Jesus geht
an den Rand der Gesellschaft,
stellt sich,
lässt sich krönen und verlachen
für diese eine gute Sache

Wofür stehe ich gerade?
Und wie fest?
Oder bin ich die Fahne im Wind?

Kann ich einstehen
für mein Reden,
mein Handeln
und mein Leben?

Wofür wäre ich bereit,
mir Nägel durch die Hände
schlagen zu lassen?

VERSPROCHEN

Versprochen ist versprochen!

So sagen es Kinder
in vollem Ernst
und meinen es auch so

Versprechen halten
ist schwer!

So sagen es Erwachsene,
weil immer wieder
was dazwischen kommt,
weil immer wieder
die Lage anders ist
als geplant,
weil immer wieder Prioritäten neu gesetzt werden

Wenn Gott spricht,
dann hält er sein Versprechen,
weil Gott weiß,
was kommt,
weil Gott weiß,
worauf es ankommt,
weil Gott weiß:
Menschen brauchen Verlässlichkeit

Wenn Gott sät,
dann verspricht Gott Wachstum,
Früchte, junges Leben,
Lebensraum

Versprochen ist versprochen!
Und Gott hält jedes Versprechen!

HEILIGE UNSERE TAGE

Atme in uns
und heilige
unsere Tage

Verwandle dich
vor unseren Augen
immer wieder neu

Beschenke uns
mit Demut
im Anblick des Kreuzes

Zeige uns,
was dir
Verantwortung bedeutet

Lass uns Hoffnung leben,
segne uns
und unsere Tage

Platz für alle

Trinitatiszeit (2., 4., 7., 13. und 20. So. n. Trinitatis)

DIE GUTE MISCHUNG

Blaue Lagune
und roter Krebs
verlieben sich
und tragen den Ehenamen Lila Revier

Blaue Beere
und gelbe Blume
verloben sich
und werden zu grünem Kompott

Schwarzmaler
und weiße Weste
verbinden sich neutral im Grau

Doch die beste Mischung
zeigt sich im Regenbogen,
gezaubert aus Sonne und Regen

Gott ist
famose Künstlerin
und Chemiker
im Labor der Schöpfung

BEFLÜGELNDE UNTERSCHIEDE

Ernst nehmen,
dass Menschen unterschiedlich denken

Sich einlassen
auf die Vielfalt
von Verstehen
und Lernen

Sich beflügeln lassen,
von ungewohnten Gedanken

Unterscheiden lernen zwischen der Überheblichkeit
der vermeintlich Schlauen
und dem Ringen um Verständnis

Bilder finden
für das Leben,
Farben verbinden
zu wertschätzender Verständigung

Inklusion
als Wesenszug Gottes,
der Platz zum Wachsen schafft

INKLUSION

Achtung Vielfalt!
Es kann bunt werden,
es muss bunt sein

Inklusion
Same und Wachstum,
Sehen und Verstehen,
Achtung und Würde,
Wertschätzung

Inklusion
der Garten,
in dem Gott sich austobt,
in dem Gott
Menschen immer wieder auffordert,
sich zu überdenken

Inklusion
ermöglicht Wachstum,
erfordert Perspektivwechsel

Inklusion
ist Glück,
zu dem wir uns persönlich entscheiden,
weil wir begriffen haben,
dass wir alle ein Stück
ver-rückt sind

Glück
ist der Mut,
in der Andersartigkeit
die Vielfalt des Lebens zu sehen
und in diesem Sinne
Wachstum zu ermöglichen

LASS' WACHSEN

Vertrauen
in die Saat
kann Fürbitte sein

Samen
als Ausgangspunkt
für gute Frucht
und Ähren voller Korn

Vertrauen
in die Fürbitte
kann Hoffnung schenken

Ich muss es nicht alleine schaffen,
ich kann es nicht alleine schaffen,
das große Ding vom Leben

Fürbitte
kann
verbinden

Gott mit Mensch
und Mensch mit Mensch
in Gedanken
und vollem Willen:

Es ist gut,
es wird gut,
ich bin ein Teil davon

DAS LEBEN IST KEIN PONYHOF

Reiten und Striegeln,
Gerte und Dressur,
Zaumzeug und Dasein in Boxen

Das Leben ist
kein Ponyhof

Das Leben ist
ein Wildblumen-Garten

Da ist
weder Unkraut noch Schädling,
denn alles hat Aufgabe und Sinn

Insekten
wirken bedrohlich
und sorgen doch für Frucht und Ernte

Vermeintliches Unkraut
schmeckt als Salat, dient als Dünger,
bietet Lebensraum

Natur ist
Nützlichkeit mit wilder Schönheit

Hilfreich ist nie
gnadenlose Sauberkeit,
die niedermetzelt, was nicht der Norm entspricht

Inklusion ist
die Grundlage für gesunden Lebensraum,
der Garten braucht Vielfalt

Zum Glück
gibt es Wildblumen, Insekten und Unkraut

ACHTUNG VIELFALT

Wenn Gott Couchpotato wäre,
wählte er – oder sie
nur eine Sprache,
eine Farbe
und ein Land

Gott ist kein Langeweiler,
sondern Poetin,
die Zündstoff braucht
für ihre Werke

Gott ist ideenreich
und kreativ,
denn im Garten allen Anfangs
beschließt Gott,
Farbe zu bekennen

So wurde die Vielfalt
und Gott sah, dass sie gut war,
verschwenderische Schönheit,
unendlicher Reichtum

Aufforderung zur Ungemütlichkeit,
zur Kreativität
und zum Bekenntnis:
Gott ist Vielfalt und Achtung
und vielleicht zeigt sich Gott auch divers

ROT BIS VIOLETT

Ich spanne den Bogen
von Rot bis Violett,
lasse keine Farbe aus

Wenn glühend orange
die afrikanische Sonne
mein Herz erwärmt

Und gelb-golden
die Krone der Würde
Einzug hält

Dann wächst grün
immer wieder ein zarter Spross,
der mich erinnert:
Trau dich zu wachsen!

Wenn blau der Himmel
mich umfängt
und die Wellen des Meeres
meine Füße umspülen,
dann spüre ich
den bunten Bogen

Violett vereinen sich
Mensch und Natur
zu einer Schöpfung
in Vielfalt und Liebe

WANDERN UND VERBINDEN

Wandern und verbinden,
der Auftrag,
dem ich folge

Von der Geistkraft geleitet
in das Land,
das mich herzlich empfängt

Heimweh und Sehnsucht
zeigen den Weg dorthin,
wo Heilung
als Lebensmelodie gesungen
und getanzt wird

Freudenbotschaft verkünden,
vorurteilsfreie Annahme üben,
unaufhaltsam Hand in Hand gehen

Jesu Botschaft leben,
Gott begreifen
in Licht,
Weisheit und Liebe

Wandern und verbinden,
Wunden und Herzen,
mitten im Leben

HOFFNUNG UND FREUDE

Jesus Christus,
Hoffnung und Freude

Schenke einen guten Sinn
füreinander und miteinander
im Vertrauen in deine liebende und wegweisende Hand

Du kennst
unsere Gedanken
und unsere Hoffnung

Schließe einen jeden Menschen
in unsere Fürbitte ein,
denn ein jeder Mensch
ist von dir geliebt

EHRLICH GESAGT

Es ist die Ehrlichkeit, die zählt,
wenn ich morgens aufwache
und sehe, wofür ich brenne.

Es ist die Ehrlichkeit,
die Not und die Tugend
zugleich.

Ehrlichkeit
macht verletzbar
und ermöglicht konstruktives Miteinander.

Ehrlichkeit
von Rot bis Violett
entlang des Regenbogens leben.

Es ist die Ehrlichkeit, die zählt,
wenn im Ringen um Gerechtigkeit
die Botschaft Jesu zum Lebens-Lese-Buch wird.

Alle Farben des Farbkastens möchte ich nutzen,
wenn mit Händen und dem gesamten Körper
geistreich Glauben gestaltet wird.

Menschen annehmen
in Liebe und Aufrichtigkeit,
nicht künstlich lächeln müssen,
sondern lachen dürfen
aus tiefster Seele,
weil kein Unheil zu befürchten ist.

Ehrlich gesagt:
Mein Herz singt das Lied meines Lebens
vom Regenbogen, der mich leitet.

Ehrlich gesagt:
Ich möchte atmen
und Vielfalt leben.

Ehrlich gesagt:
Begeisterung braucht wenig Worte
und viel Geistkraft im Tun.

SEELSORGE

Seelsorge baut auf
und hilft auf

Hoffnung
niemals sterben lassen

Licht zeigen
am Ende des Tunnels

Mitten im Sturm
Wege begleiten

Leben
gut beleuchten

Erinnerung
an Wert und Würde

Beim Sturz
verrutschte Krone richten

Rollstuhl
wird zum Rennwagen

Bei Grund zur Freude
gemeinsam tanzen

In schweren Zeiten
Lasten teilen

Zusammen Steine wälzen,
auch aus dem Weg

Hände reichen
und verbunden sein

Gegensätze überbrücken,
den Himmel erden

Gott suchen,
in allen Schattierungen des Lebens

Gott beschimpfen
und an Gott verzweifeln

Hand und Hirn
brauchen immer Herz

Gott und du und ich
kann Seelsorge sein

GUT ZU WISSEN

Gut zu wissen,
dass Gott begleitet und leitet
und schützt

Der gute Weg ist nicht der leichte,
der schick und gekämmt
die rosa-rote Brille trägt

Es ist nicht der glänzende Weg,
der in Prunk und Goldgewand
den Blick auf das Leben verstellt
und mit lautem Getöse
die leise Wirklichkeit zu übertönen droht

Gut zu wissen,
dass Ehrlichkeit beim Blick in den Spiegel
sich lohnt

Unverstellt natürlich
und ringend um Gerechtigkeit
tiefer schauen

Es tut Not,
sich nicht blenden zu lassen von Liturgie
aus Pomp und Show,
Perfektionismus,
der sich über Gott erhöht

Beim Blick in den Spiegel
erkennen, was zählt:
nicht Glanz und Gloria,
sondern ehrliche Begeisterung

Nicht unnötig Kraft verschwenden
für den Schein,
sondern Gespür entwickeln
für fruchtbare Begegnung

Auf der Suche
nach Gerechtigkeit,
nach Wertschätzung,
nach echter Liebe
muss der Weg geändert werden

Gut zu wissen,
dass Gottes Auftrag heißt:
Liebe leben in Vielfalt
und in Ehrlichkeit

Gott und die Liebe

Trinitatiszeit (3., 11., 12. und 19. So. n. Trinitatis)

LIEBE

Liebe
ist der Tonfall Gottes

Liebe ist
dem Menschen geschenkt
zu reden mit Menschen – und mit Engelszungen

Das Wunder der Liebe
braucht jedes Geheimnis
und alle Erkenntnis,
braucht jeder Glaube,
der Berge versetzt

Alles Geben,
jedes Teilen
bedarf der Liebe

Liebe?

Sie ist
langmütig und freundlich,
frei von Eifer, Übermut und Mutwillen

Sie ist
rechtschaffen und ausdauernd,
bedingungslos und gerecht

Liebe ist
vollkommen, ewig und klug

EIN FANCLUB FÜR DIE LIEBE

Ein Fanclub für die Liebe
müsste gegründet werden,
so dass klar ist,
dass die Liebe hochgehalten wird

Ruft es heraus,
schwenkt die Fahnen
in allen Farben der Schöpfung

Singt und jubelt für die Liebe,
steckt an ohne zu erdrücken,
entfacht ein glühendes Feuer,
das Spaß hat, sich zu verbreiten

Begeisterung,
die erleuchtet und wärmt,
die ansteckt und ihren Lauf nimmt,
sich potenziert

Geistkraft,
die unaufhaltsam wirkt,
heilend und heilsam,
beflügelnd

Lasst euch infizieren vom Virus der Liebe,
dass Friede sich ausbreiten kann

VERSUCH EINES STECKBRIEFS DER LIEBE GOTTES

Geburtstag:
zu benennen in der Ewigkeit,
denn sie war vor aller Zeit

Geburtsort:
Welt und All und unvorstellbar überall

Leidenschaft und Interessen:
paradoxe Lebensstrategie
Überwältigung der Herzen
Stiftung von Verwirrung
Wechsel der Perspektive
Suchen und Finden in der Tiefe

Wirkungsform:
im Miteinander, im Wort, im Licht
Zwang und Druck braucht sie nicht

Lieblingsfarbe:
schillernd regenbogenbunt
mal unscheinbar und zart
auf sanfte Art
mal schrill unübersehbar
sonnenklar

Bester Freund oder Freundin:
Mensch und Menschin

Beruf:
Zeitenwenderin

Besondere Merkmale:
Sinn für Überraschungen

Todestag:
niemals!

GOTT UND DIE LIEBE

Gott ist der Inbegriff von Liebe

Unerschrocken und nicht unterzukriegen
ist Gottes Geistkraft zu spüren
immer wieder und unverhofft

Manchmal scheint alles verloren,
wenn nichts mehr möglich ist
und die Welt ihre schwarze Seite zeigt

Doch für Gott ist nichts unmöglich,
denn seine Liebe ist spürbar
immer wieder
mitten im Leben
wendet Gott die Zeiten,
wenn niemand mehr zu hoffen wagt

Manchmal im Sturm,
doch oftmals nur im zarten Hauch

Gottes Liebe ist spürbar
immer wieder
ganz besonders dann,
wenn niemand mehr zu hoffen wagt

MIT MACKEN UND KANTEN

Liebe
deine Nächste,
deinen Nächsten

Liebe
dich selbst

Denn du bist geliebt,
mit Macken und Kanten,
schrullig und unvollkommen

Gott macht das schon,
Mensch, du brauchst es nicht sein:
perfekt

Du bist geliebt,
weil du Mensch bist

Gott in dir,
Gott durch dich,
Gott in Liebe

Trau dich,
Mensch,
Mensch zu sein

NUR MUT, ICH BIN ES

Nur Mut, ich bin es!
Fürchtet euch nicht!

Jesus nimmt sich ein Herz
gegen versteinerte Herzen
gegen Wind und Wetter

Gottes Liebe rechnet nicht auf
Gottes Liebe rechnet nicht ab

Gottes Liebe
unbegreiflich wirkend zwischen den Menschen
bedingungslos

Nicht immer erkennbar auf den ersten Blick
unverhofft gegen Verzweiflung und Einsichtslosigkeit
ist Gott da

Unbegreiflich und nicht zu beschreiben
das trifft es auf den Punkt
so wie die Liebe nicht auf den Punkt zu bringen ist

Gott lässt sich nicht festnageln
Gott überwindet Kreuz und Missgunst

Gott ist Liebe, das ist sein Zeichen
die Liebe wird unter den Menschen vollendet

Die vollkommene Liebe
vertreibt die Angst,
befreit zur Freiheit

Unbeschreiblich
Liebe
Gott im Menschen

LIEBESERKLÄRUNG DES LEBENS

Liebe Menschin und lieber Mensch,

Gottes Wort
ist die größte Liebeserklärung des Lebens

Ich bin geliebt
und ich liebe

Gottes Wort ist ein Geheimnis
von Gott zu Mensch
und von Mensch zu Gott

Ist Gebet ein Ausdruck dessen,
was in mir Worte sucht?
Geheimnis der Liebe?

Vielfältig, achtsam, hoffnungsvoll, verzweifelt
ist das Gebet
Menschenworte
in Form gegossen
und gen Himmel gerichtet

Was soll dir noch mehr versprochen werden als:
Ich bin dein Gott
und ich bin da?!

Gott liebt eine jede,
Gott liebt einen jeden,
uneingeschränkt,
bedingungslos,
immer!

Vergiss das nie,
liebe Menschin und lieber Mensch.

DAS WUNDER DER LIEBE GOTTES

Sprachlos gerührt
stehe ich vor dem Wunder
der Liebe Gottes,
die mich umfängt
und durchdringt

Das Wunder,
das mich von innen her
aufbaut und tröstet

Ein Trost,
der Stehkraft gibt
und Tränen hervorbrechen lässt,
ohne, dass die Seele verwundet

Tränen der Trauer
dürfen fließen,
der Kopf darf brennen
und dennoch ist zu spüren,
dass das Schwere tragbar ist,
durch das Tal hindurch,
weil der Blick das Licht nicht verliert

Das ist das Wunder der Liebe Gottes:
Sie schenkt Vertrauen
in den Weg,
der wohl immer wieder
gegangen werden muss

Das Wunder der Liebe Gottes
kann bewirken,
dass Leiden durchlebt wird,
ohne gebrochenes Herz

So darf ich umfangen sein
und durchdrungen
von dem Wunder der Liebe Gottes

SEI MIT UNS IN DEINER LIEBE

Sei mit uns in deiner Liebe,
wenn wir ratlos sind

Sei um uns mit deiner Liebe,
wenn Menschen sich bekriegen

Sei über uns mit deiner Liebe,
wenn uns der Himmel auf den Kopf zu fallen scheint

Sei unter uns mit deiner Liebe,
wenn der Boden nicht tragen will

Sei in uns mit deiner Liebe,
wenn wir verzagen

Sei mit uns in deiner Liebe,
wenn niemand uns sieht

Sei um uns mit deiner Liebe,
wenn Pfeile der Verletzung auf uns fliegen

Sei über uns mit deiner Liebe,
wenn Regeln uns erdrücken

Sei unter uns mit deiner Liebe,
wenn das Pflaster zu heiß wird

Sei in uns mit deiner Liebe,
wenn wir auf der Suche nach Lösungen sind

Sei mit deiner Liebe in allen Dingen
und schenke uns Frieden

Friede und Versöhnung

Trinitatiszeit (2., 4., 8., 13., 18., 20. und 21. So. n. Trinitatis)

FRIEDEN KANN SEIN

Frieden kann sein!

Wenn ich Verantwortung übernehme
und für Gerechtigkeit einstehe.

Wenn ich das Leid eines anderen
zu begreifen versuche,
ohne leichtfertige Lösungsvorschläge.

Wenn ich immer wieder aufstehe
gegen Widerstand
und Farbe bekenne
für wertschätzendes Miteinander.

Wenn ich mich ansprechen lasse
vom Zähneknirschen und Seufzen,
weil nicht immer recht ist,
was alle tun.

Wenn ich
entgegen der Erwartung
bleibe oder gehe
mit dem Sinn für Frieden.

Frieden kann sein!

ODER GANZ VIEL GEDULD

Frieden ist die Spannung
zwischen Tun und Lassen

Gleichzeitig das Abwägen
zwischen sinnvoll und bedeutungslos

Frieden braucht
aufrichtige Entscheidungen

Gleichzeitig das Handeln
in konkreter Umsetzung

Aber manchmal auch
einfach ganz viel Geduld

Spannung aushalten
zwischen den Polen

Gott
Mutter und Vater

Die Letzte
macht das Licht
wieder an

HÖRE GUT HIN

Es sind die leisen Töne,
die meine Aufmerksamkeit erfordern

Hinhören und zuhören
nicht überhören und weghören

Das Hören zwischen den Zeilen
lässt mich merken,
dass ich aufstehen muss
wider alle Gewalt

Es sind die äußerlich Starken,
die meinen Geist in Bewegung setzen

Schlagen und Prügeln
kann keine Lösung sein

Doch ist es nicht gerade
das Handeln aus Hilflosigkeit,
versteckt hinter Uniform und Gewand,
getarnt durch System und Hierarchie,
welches meiner Hilfe bedarf?

Es sind die verletzenden Worte,
die mein Hirn ins Grübeln bringen

Wie kann ich beitragen,
dass sie umgewandelt werden
in ehrliche Aufrichtigkeit
und wertschätzende Begegnung?

Lästern und Beleidigung
sind gute Instrumente,
sich einen anderen
vom Hals zu halten
und gleichzeitig
von sich selbst abzulenken

Warum fällt die Ehrlichkeit
gegenüber sich selbst
manchmal so schwer?
Warum fehlt uns oft
das Vertrauen
in unser Gegenüber?

SEHNSUCHT

Feuer
das Licht Jesu Christi
geteilt und vermehrt
in Friedenslicht und Osterkerze

Wind
trägt Frieden in Häuser
wo Menschen sich verbinden

Frieden
unbegreiflich und unkonkret im Wort
doch fassbar als Auftrag
mitten im Leben
Mensch und Schöpfung
im Blick zu haben

Frieden
ist menschlicher Sehnsuchtsort

FREIHEIT

Freiheit ist ein hohes Gut,
so soll sie unser Segen sein,
spricht Gott

Freiheit braucht Frieden:
Ernstnehmen, Wertschätzung
und Akzeptanz

Freiheit braucht Energie:
Tatkraft, Lebensmut
und Ausdauer

Freiheit ist
Türöffnerin
für selbstständiges Denken,
Entfaltungsmöglichkeit,
Expertin
für Aufblühen
und Ankommen

Freiheit ist ein hohes Gut,
so soll sie unser Segen sein

KEIN KINDERSPIEL

Sterben
an Orten der Erde
lässt Frieden manchmal ins Wanken kommen

Leben
scheint zeitweilig schleppend
wenn die Kraft zum Frieden schwindet

Ringen
kann Ehrlichkeit verheißen
auf dem Weg zum Frieden

Aufstehen
ist Zeugnis von Mut
gegen den Strom der Zeit zu gehen

Streiten
möchte dann und wann
Wege zusammenführen

Sich verbinden
in verschiedener Meinung
doch bedingungsloser Annahme

Frieden
ist ein Geschenk
das sich niederlässt
in offenen Herzen

Frieden
ist Auferstehung

GOTTES LANDWIRTE

Werden wir nicht müde,
Samen der Hoffnung zu säen

Frieden ist
meine und deine Verantwortung
auf dieser Erde

Diese Erde braucht Landwirte,
die sich unermüdlich
die Hände schmutzig machen,
im Sinne einer gerechten Welt

Eine gerechte Welt
braucht jede und jeden von uns,
damit das Versprechen gehalten wird

Werden wir nicht müde,
Perspektiven zu wechseln,
für eine sinnvolle Verständigung,
die in Frieden mündet

Frieden ist die Verantwortung,
nicht zu überrumpeln,
sondern verstehen zu wollen,
mit dem Ziel ehrlicher Inklusion

FRIEDEN

Herr,
schenke uns Frieden

Frieden,
den wir in seiner Unvollkommenheit annehmen können

Schenke uns Augen für die Liebe
in uns und unseren Mitmenschen

Schenke uns Mut zum Aufbruch
mit freudig-glühender Erwartung in den Augen

Frieden
fängt im Herzen an

Frieden
dringt aus dem Herzen hinaus

Frieden
zeigt sich in gerechtem Miteinander

Frieden
vollendet sich in Versöhnung

Gottes spürbarer Segen

14. So. n. Trinitatis, Erntedank

DANKE

Sich verneigen
und Danke sagen

Keine Kunst,
doch große Hürde

Betende Hände
und Hand auf der Schulter

Anerkennung
in zartem Wort

Danke
in kleiner Geste

Geschenktes
wird gewürdigt

Danken
macht dankbar und froh

Danke ist
leider nicht selbstverständlich

Du beschenkst –
Danke!

TRAKTOR UND GUMMISTIEFEL

Der Kranz auf dem Traktor
krönt die Ernte des Jahres

Sagt Dank
für Sorge
und Regen
und Arbeit und Mühe

Im Geiste
verneigt sich
mein Herz
vor dem Landwirt

Mit Gummistiefeln im Schlamm
steht Gott auf dem Feld
und sticht Spargel,
buddelt Kartoffeln aus,
nimmt Spaten und Harke in die Hand

Ich stehe aufrecht
vor dem Werk
fleißiger Hände,
vor der Frucht
der Felder

Sagt Dank
für Wachstum
und Sonne
und Kraft und Ernte

Gummistiefel
segnen den Acker

ACKERBAU

Dicke Klumpen Erde
zeugen
von Plackerei
und mancher Sorgenfalte

Der Funke der Geistkraft
setzt sich in die Pedale
des Drahtesels

Die Garage
wird bewohnt
von menschlicher Pferdestärke

Dem Garten
sind Wildblumen geschenkt
und krummes Gemüse erlaubt

Ackerbau
bringt die Sache mit der Schöpfung
auf den Punkt
der Überzeugung

Kann ich
mich im Biomarkt freikaufen
von Verantwortung
für diese Erde?

Wie viel ist mir Schöpfung wert,
was bin ich bereit
an Schweiß und Zeit
zu investieren?

Gehen Landwirte
eigentlich auch
in den Biomarkt?

EINE SCHUBKARRE VOLL FRIEDEN

Wie ein Wanderaltar
birgt die Schubkarre
Knollen und Rüben

Trauben und Weizen
finden Transport
im Cabriolet
auf dem Feld

Hände segnen knetend
den Teig aus gemahlenen Körnern
und freuen sich
auf sättigende Tischgemeinschaft

Wein für Frieden
in Liebe
aus Trauben
gereift in der Sonne der Gerechtigkeit

Die Schubkarre
wird zur Überbringerin
der Botschaft vom Regenbogen

Frieden soll sein,
Wechsel von Sonne und Regen,
Winter und Frühling
und Sommer und Herbst

Frieden soll sich verbreiten,
verteilt ihn
wie Dung auf dem Feld
mit Wanderschuhen
und arbeitsfreudiger Hand

EIN LOB AUF DIE BAUERSFRAU

Beifall geklatscht
in der Scheune des Lebens,
wo das Büffet
mit Kartoffelsalat und Apfelkompott
eröffnet ist

Wir feiern ein Fest
zur Ehre von Gott
heute in Gestalt der Bauersfrau

Geschmückt mit Wimpeln der Liebe
sind das Tor und die Balken

Lob wird gesungen
auf dem Feld der Realität,
wo das Wetter
die Mühe der Arbeit
nicht immer würdigt

Wir erweisen Gott die Ehre,
obwohl die Kraft
für die Arbeit
manchmal fast nicht reicht

Dekoriert werden
Schwielen und müde Füße
mit einem Tag Ruhe

Applaus
für die Bauersfrau,
die den Ruhm nicht liebt,
weil er oft vom Wesentlichen ablenkt

Es ist dein Tag
zur Ruhe und Ehre,
zum Dank für die Ernte

GOTT IN DER ZWIEBEL

Braun und unscheinbar,
mehr tot als lebendig
steckt Gott die grüne Nase
durch die Häute der Zwiebel

Möchte frische Landluft schnuppern
und das Grün der Wiesen genießen,
sich ergötzen
an der Pracht der Natur

Gut versteckt
an unscheinbaren Orten
entfaltet sich in Blume und Halm
die Schönheit der Schöpfung

Zugedeckt
an verwunschenen Orten
überrascht Gott immer wieder
im Durchbrechen verkrusteter Erde

Immer wieder neu
Erntedank,
das Wunder der Auferstehung,
das in Pflanzen
Wachstum und Ernte
ermöglicht

Gott
explodiert,
Geschmacks-Bombe
in Kräutern und Knollen

Schöpferkraft
überrascht
mit blühender Phantasie

SELBSTVERSTÄNDLICH UND WERTVOLL

Vieles scheint
nicht mehr selbstverständlich,
wenn die Grundversorgung
auf dem Spiel steht

Der Tag zu Ehren der Ernte
stellt das vermeintlich Selbstverständliche
in den Mittelpunkt

Wir legen Wert
in das tägliche Brot und die Trauben,
segnen Gaben und Gemeinschaft

Selbstverständlich
ist nicht
der Wert der täglichen Mahlzeit,
die oft im Mülleimer zu finden ist

Traurig,
dass Wert
in Überfluss und Masse verloren geht

Wertvoll der Tag,
der in jedem Jahr
den Blick
auf das Selbstverständliche lenkt

In einer Zeit,
die oftmals
weder Danke
noch Amen kennt

Danke
für Tatkraft und Schweiß,
reiche Ernte
und satte Gesichter

BRICH DAS BROT DEINES LEBENS

Endlich!

Alle werden satt sein

Endlich!

Satt werden sein,
die Gott vertrauen

Nicht reich und stolz,
nicht überheblich und arrogant,
nicht auf Kosten anderer

Endlich!

Brot
des Lebens,
der Gerechtigkeit,
der bedingungslosen Annahme

Ganz und gar
ehrlich

Brot
der Glücklichen,
die vertrauen können
in göttlichen
Idealismus

Brich das Brot
deines Lebens!

REGEN UND SEGEN

Leise legt sich
sanft der Regen
auf Felder und Haare

Die Sonne blinzelt,
sucht sich den Weg
durch verhangene Zeiten

Verbunden
in Wasser und Licht
spannt sich der Bogen zum Segen

Verbindet
Mensch und Natur
in unendlicher Weite

Land in Sicht,
Zweig der Hoffnung
bringt Zuversicht

Farben
des Bogens
überbrücken alle Gräben

Frieden soll werden,
Versprechen vom Himmel,
Segen auf Erden

Neuanfang ist uns geschenkt

Buß- und Bettag

UMKEHR

Umkehr
als Aufbruch zum Leben
mitten im Leben
als stetig neue Hinwendung
zu Gott

Aufbruch
in eine Welt
die nicht benachteiligt
nicht sich selbst erhöht
oder nachtritt
wenn jemand bereits am Boden liegt

In eine Welt
in der Menschen
sich in die Augen blicken
ehrlich
aufrichtig

Aufrecht
in die Augen schauen
und so
die Göttlichkeit wahrnehmen
und so
die Gottheit
in ihrer unfassbaren Größe
ein klitzekleines Stück
erspüren

VERGEBUNG

Höre meine Stimme
in Höhen der Flöte
und Tiefen
der Tuba

In Gesang
und Tanz

Habe Ohren
für meine Not
und Augen
für meine Verzweiflung

Du bist bei mir,
ich darf vertrauen

Vergebung,
das göttliche Geschenk,
das wertvoll
dem Menschen zugedacht

Gib Geduld
am Abend und am Morgen

Erlösung
in Bild und Farbe,
Musik und Geist
ist deine Gabe

BUSSE UND KRONE RICHTEN

Wie Kniebeugen
ist das Wort Buße

Wenn das Gewicht aus der Tiefe
in die Höhe gestemmt
ans Tageslicht kommt

Und das Herz sich erhellt
nach mutiger Einsicht

Auf und nieder
immer wieder
unabdingbar

Buße und Krone
brauchen den Wechsel

Nicht miteinander
niemals ohne einander
aber eins nach dem anderen
ermöglichen sich gegenseitig
die Existenz

Schmerz und Freude
reichen sich die Hand

Am Boden der Buße
werden Fehler aufrichtig erkannt

Augen sehen auf
Kopf hoch
aufstehen
Krone richten

Schenke dir ein Lächeln!

AUF LINKS GEDREHT

Manchmal ist es an der Zeit,
die Betten auf links zu drehen

Zu lüften
und neuen Wind
in alle Räume des Lebens
wehen zu lassen

Wendejacken
werden gewendet

Farbwechsel,
Strukturwandel und
Lust auf neue Kleider

Winterbettwäsche
gegen Sommerlaken tauschen

Und im Rauschen der Bäume
hören,
dass Frühling einzieht

Frühling
im November
durch Neubesinnung

Buße und Gebet
sind März im November

Blumen im Spätherbst
offenbaren die Hoffnung,
die jeder Umkehr innewohnt

AUF DIE FÜSSE SPRINGEN

Rückkehr
Umkehr
die Sinne ändern sich

Umwenden
hundertachtzig Grad
Zurückkehren in neuem Auftrag

Besinnen
in neuer Hinwendung
zu Gott

Abwenden
von alten Pfaden
und ausgetretenen Sackgassen

Abkehr
von bisherigen Wegen
versöhnen
mit der neuen Reiseroute

Richtungsänderung
real und praktisch
mit beiden Füßen auf dem Boden

Aufbruch
zu hoffnungsvollen
Lebenswegen

Entlang des neuen Weges
hüpfen, springen
tanzen

Gott
lässt die Menschen
nicht allein

Begleitung
in Umkehr
Aufbruch und Rückkehr

Gott
hüpft, springt, tanzt
die neuen Wege mit

Umdenken
um zu denken
und zu überdenken

Das Denken
vom Kopf
auf die Füße stellen

Springen wir auf die Füße!

DAS LEBEN WANDELN

Esst Feigen
in Mengen

Und kostet
vom Saft der Weisheit

Heilt Kranke
und richtet Gekrümmte auf

Vertreibt den Geist,
der vergiftet

Legt Hände auf
und schenkt Liebe

Trefft Entscheidungen
aus Verantwortung,
nicht aus blindem Gehorsam

Wandelt
Leben in Freude

DEN BLICK WEITEN

Brecht auf
die Mauern der Starrsinnigen
als Durchbruch für Weitblick

Habt Acht
vor dem falschen Propheten
in trügerischem Gewand

Geht
auf dem Weg zum Leben
in verantwortlicher Entscheidung

Kostet
von den frischen Früchten der Stärkung,
begnügt euch nicht mit Trockenobst

Schaut
auf den täglichen Segen
unabgelenkt von protzigem Prunk

Augen auf,
weiter Blick
im Augenblick

ES GEHT – ANDERS

Es geht
nicht nach meinem Plan,
sondern nach dem Plan Gottes

Es geht
nicht nach meinen Empfindlichkeiten,
sondern um das große Ganze

Es geht – anders

Es geht,
es ist in Bewegung,
das Leben

Das Leben,
eben immer wieder anders,
als ich zu denken vermag

Gottes Geistkraft
fordert mich heraus
immer wieder neu
spontan über Grenzen
des eigenen Starrsinns
zu springen
und gleichzeitig
nicht anzuhängen an den Mainstream

Immer wieder umkehren
und den Sinn schärfen

Handeln aus Sinnhaftigkeit,
statt aus dem Mangel

Handeln aus Gerechtigkeit,
statt aus Machtstreben und Gier

Das Ziel
ist die Annäherung an Gott,
intimste Beziehung
in der Unendlichkeit

Es geht – anders,
als ich zu denken vermag

VOM TAL ZUR BERGSPITZE

Als einst ein Wanderer
schwer bepackt
den Hut aufsetzte

Da wusste er
vom schweren Weg
zur Bergesspitze

Das Tal umschloss ihn warm,
schenkte Geborgenheit
in Ruhe und Tradition

Doch er wusste
vom Leben, das mehr verlangt
als da zu sein

So machte er sich auf den Weg
der Erkenntnis

Im Gepäck
die Unsicherheit des Herzens
und die Brote der Zuversicht

Schwer war der Weg,
manch großer Stein zu erklimmen

Pausen und Kompass
waren ihm Hilfe
und immer wieder der Blick nach innen

Hitze im Sommer,
im Winter Kälte von Schnee

Mut verließ ihn
zu mehreren Zeiten

Ermutigt
durch Blumen und frische Briesen

Gestärkt
in Richtung
und Hoffnung

Lang war der Weg,
kein Kinderspiel

Am Ende
der Gipfel,
Erfüllung aller Träume

Eine Aussicht,
die niemand bisher zu beschreiben vermochte

Ein Ort des Wunderns,
der alle Plackerei der Wege
in weite Ferne rückte

Vom Tal zur Bergspitze,
der Weg des Lebens

Der Weg,
den es immer wieder
im Kleinen und Großen
zu gehen lohnt

Wanderer,
seid bereit

Keine Angst vor spitzen Steinen und Stürmen,
ihr seid begleitet
und beseelt mit Vertrauen

Tal und Gipfel
verleihen dem Leben Gegensätze
und Qualität

Grüßt Gott
zu jeder Zeit,
Wanderer

Grüßt Gott
an jedem Ort

GUTE AUSSICHT

Frei und befreit
von Unrast,
Mühen
und Unehrlichkeit

Immer wieder
kommt der Punkt,
an dem Wolken
der Sonne weichen,
Falten der Stirn sich glätten
nach dem Gewitter des Unbehagens

Gute Aussicht
auf kommende Zeiten

Aus Sicht
des Optimisten
lohnt sich der Blick
in den Himmel

Noch nie
hat Gott das Versprechen
gebrochen
und die Aussicht verstellt
oder den Blick
vernebelt

Gute Aussicht
auf kommende Zeiten

Gott
in Mensch und Schöpfung
ist das Höchstmaß an Herausforderung,
die zu tragen
der Mensch
in der Lage ist

Nicht überfordernd
und doch gerufen,
in Buße und Gebet
die Wirklichkeit zu durchdringen,
ernsthaft und gründlich,
als Weg der Gerechtigkeit

Gute Aussicht,
wenn Mensch sich nicht zu viel vornimmt

Gute Aussicht
als Auftrag

Gute Aussicht
ist Motivation, gibt Ziel und Sinn

Gute Aussicht,
Gutes in Sicht!

Tod und Unendlichkeit

Totensonntag, Ewigkeitssonntag

WACHET, DENN UNBEKANNT IST TAG UND STUNDE

Mit offenen Augen und Ohren
wachsam den Tag begreifen

Unbekannt ist Tag und Stunde,
gelassen können wir leben,
denn wir sind getragen
in Leben und Sterben

Wachet,
seid achtsam
und freut euch im Leben
am Leben

Wache Augen,
wacher Blick

Keinen Wecker
braucht die Stunde,
denn sie wird kommen,
unverhofft
und todessicher

Genießt und begreift,
begegnet und schafft,
tanzt und singt
ein Lied auf die Freude

Seid bereit
und nutzt die Zeit

GRÜN IST DIE HOFFNUNG

Grün ist unendlich
immer wiederkehrend verlässlich

Grün ist die Hoffnung
auf ein gutes Ende
in der Unendlichkeit Gottes

Im Grün
verbinden sich Liebe und Schmerz

Blaue, treue Sanftmut
vermischt sich
mit hellem, scharfem, gelbem Verstand
zu natürlicher Zufriedenheit
in Grün

Grün lässt Hoffnung wachsen
und die Sinne zur Ruhe kommen

Liturgisches Grün
bezeichnet Alltag mit Hoffnung,
Alltagshoffnung

Zuversicht
für Welt und Sphäre
wächst aus Vertrauen
in Gottes Geistkraft

Ewiglich grün

ANGEDACHT

Denken
Gedenken
Andenken
Andacht

Hast du gedacht
an Trost und Sanftmut
Gerechtigkeit und Erbarmen
Barmherzigkeit

Gedenken der Toten
am Totensonntag

Andenken,
über etwas nachdenken
sich Gedanken machen
erinnern an den Schatz des Lebens

Sich in Gedanken
eingehend mit etwas
oder jemandem beschäftigen
gründlich überlegen

Denke nach
und schätze Wert

Wer
ist mir ewig besonders
wahrhaftig, ehrlich, wirklich
wertvoll bleibend ganz anders

Menschen und Begegnungen
als Stolpersteine

Halte inne
halte Stille

Dem Vergangenen
Gedanken schenken
und Raum geben in der Gegenwart
als Brücke über die Zeiten

Bedenke Mensch
dass du sterben wirst

STEH AUF!

Aufstehen
sich erheben
bestehen
zu Stande kommen
aufrichten

Wecken
aufwecken
auferwecken
Auferstehung

Stehen
aufstehen
auferstehen

Schlüsselwort:
Auferstehung der Toten

Wer tot umfällt
steht normalerweise
nicht mehr auf

Gott belehrt uns eines Besseren

Immer wieder
neue Wege
immer wieder
ein Wagnis
immer wieder
Aufbruch

Mitten im Leben
den Tod überwinden
dem Leben die Stirn bieten

KURZ NACHDEM DU GINGST

Es ist nicht lange her,
dass deine andere Hälfte,
dass dein Lebensmensch
gestorben ist

Du wolltest nicht ohne ihn sein,
nicht ohne deinen Herzensmensch

So viele Sekunden, Minuten, Stunden,
Jahre und Jahrzehnte
habt ihr geteilt

Unvorstellbar,
ein Leben ohne deinen Liebesmenschen

Unvorstellbar,
denn es gab fast kein Leben ohne ihn,
den Menschen deines Herzens,
den Partner deiner Seele

Tränen des Glücks
und der Trauer,
Langeweile
und viel zu schnell verfliegende Zeit
habt ihr miteinander geteilt

Habt Hände gehalten
und euch gestützt

Ohne einander
ging es nicht

Miteinander
seid ihr verbunden
für immer
in der Auferstehung

LANGE EHE

Wie soll es weiter gehen?
Die Tage haben immer mit dir begonnen,
die Nächte ebenso

Gemeinsam im Garten und auf dem Balkon,
im Urlaub und beim Essen

Gemeinsam
in guten und in schlechten Tagen
lachen und weinen,
tanzen und singen

Gemeinsam
streiten und sich Sorgen machen,
wütend sein und sich zurückziehen,
Schmerzen teilen

Verbunden
selbstverständlich miteinander
auf dem Weg
durch das Leben

Du fehlst
unendlich

Es bleibt nur das eine Wort:
Danke

ZERRISSEN

Bei jeder Geburt
beginnt ein Sterben,
beginnt ein Leben

Jahrzehnte
Jahre
Monate
Wochen
Tage
Stunden
Minuten
Sekunden

Manchmal
nur ein Atemzug

Unbegreiflich
dieses Leben

Unbegreiflich
dieses Sterben

Dazwischen
geliebt sein
und vielleicht auch lieben können

Dazwischen
barfuß den Sand
unter den Füßen spüren,
mit geschlossenen Augen
vom Wind angehaucht werden,
in den Händen
das Geschenk der Zeit

Dazwischen
Angst
vor dem, was kommt,
vor dem, was bleibt,
vor dem, was geht,
vor dem, was nicht erahnbar ist

Dazwischen
das Hoffen

Am Ende
der Glauben:
Es wird gut
im Licht der Auferstehung

Und siehe, ich bin mit euch alle Tage
bis zum Ende der Welt!

WEITSICHT GOTTES

Aufgeweckt
Neubeginn
Leben für die Toten

Der Mensch
stirbt den Tod
lebt die Auferstehung

Tot
wie Adam
und lebendig
in Christus

Alpha
Anfang
Jesus Christus
Anstifter allen Lebens
im Hier und Jetzt

Gottes Wille
überwindet den Tod
zukunftsfähig

Omega
Ende
von Gewalt
Machtspiel und Unrecht
Schlussstrich

Gott
teilt sich im Messias
in die Menschheit hinein

Ursprung
Vollendung
weite Sicht

AUFERSTEHUNG

Immer wieder
mitten im Leben
stehen wir auf
zum Leben

Sterben
um aufzustehen in voller Blüte
in frischem Gewand

Altes Laub
liegt noch auf den Beeten
es darf weggekehrt werden

Dem Neuen Platz machen
und doch hat Altes Sinn und Zweck

Das Weizenkorn fällt in die Erde
stirbt
und bringt viel Frucht

Es braucht das Kreuz
und die Traurigkeit
auch wenn Begreifen
oftmals schwer ist

Alt und Neu verbinden
Brücken bauen
Auferstehung feiern

Ersehnt und erhofft
und fest geglaubt:
Auferstehung von den Toten

Das Licht des Lebens
kann in Unendlichkeit
tragen durch die Zeit

Sei gesegnet

Segen

ICH WERDE DICH SEGNEN

Ich werde segnen, die dich segnen.
Ich werde dich zu einem großen Volk machen!
Ich werde deinen Namen groß machen.

Du sollst ein Segen sein!
Du sollst gehen.
Verlasse Hab und Gut!
Mach dich auf den Weg.

Erkenne, wenn Gott dir erscheint!
Baue einen Altar der Dankbarkeit.
Sieh deinen Auftrag und nimm ihn an!
Baue einen Altar des Vertrauens.

Schlage dein Zelt auf!
Halte Rast.
Lass dich nieder!
Dann ziehe weiter.

Wo ist dein Ziel?
Wo ist dein Kanaan, Mensch?
Ist der Weg das Ziel?
Vertraue und folge Gott!

Du sollst ein Segen sein!
Du sollst gehen.
Verlasse Hab und Gut!
Mach dich auf den Weg.

SEGEN IST

Segen ist das Vertrauen,
von Gott getragen zu sein

Segen ist der Humor,
in anstrengenden Situationen
ein ehrliches Lachen zu finden

Segen ist das Geschenk,
Gott im Anderen zu begegnen

Segen ist der Übermut,
Gottes Lieder
zu singen und zu tanzen

Segen ist die Freude,
Jesu Licht
zu den Menschen zu tragen

Segen ist die Gelassenheit,
Herausforderungen in ein
angemessenes Licht zu stellen

Gott,
segne uns mit Glauben
an eine gute Welt

Segen ist der Mut,
vom Heiligen Geist zu erzählen
und in ihm Leben zu gestalten

Sei gesegnet!

SEI GESEGNET

Sei gesegnet
in deinen Unvollkommenheiten
und Fehltritten

Sei gesegnet
in deinen Tränen
der Freude und der Traurigkeit

Sei gesegnet
in deinem Ringen
um Gerechtigkeit

Sei gesegnet
mit dem Wissen
um die uneingeschränkte Liebe Gottes

Sei gesegnet
mit dem Feinsinn,
Ungerechtigkeit zu erkennen

Sei gesegnet
mit dem Bewusstsein,
Gerechtigkeit zu leben

Sei gesegnet
mit dem Mut,
zu vergeben

Sei gesegnet
mit dem Geschenk,
Vergebung zu erfahren

Sei gesegnet,
das Licht Jesu Christi
in die Welt zu tragen

DU BIST GESEGNET

Du bist gesegnet,
dein Leben ist gesegnet,
es ist einmalig und wertvoll

Gott nimmt dich liebend an die Hand,
und begleitet dich

Du bist gesegnet,
mit deinen Gedanken und Hoffnungen,
mit deinem Glauben und deiner Liebe

Alles, was du in die Hand genommen,
angepackt und geschaffen hast,
ob geglückt oder misslungen,
ist in Gott angenommen

Du bist gesegnet
mit deinen Sorgen und Nöten

Alles, was dir gegeben wurde,
das Leichte und das Schwere,
Freude und Schmerz,
alles, was zu Ende geht,
alles, was dein Leben überdauern wird und bleibt
ist getragen in Gott

Gott sendet dir einen Engel,
und nimmt dich an die Hand,
Gott führt dich
durch Dunkelheit und Nacht
ins Licht

Du kannst vertrauen,
Gott ist bei dir,
alle Tage

HIRTENSTAB IM DSCHUNGEL

Schenke uns Mut,
deinen Stallgeruch zu tragen,
in bescheidener Freude

Entzünde in uns
leuchtende Augen,
die von deiner Botschaft erzählen

Stärke uns
in Kraftproben
des täglichen Lebens

Begleite uns
auf dem Weg durch Wiesen und Felder,
auch in Zeiten der Dürre

Wärme uns
mit dem Lagerfeuer deiner Geistkraft,
dass unser Optimismus nicht erfriert

Schütze uns
mit deinem Zelt vor Verletzungen,
denen wir nicht standhalten können

Führe uns
mit deinem Hirtenstab durch den Dschungel unübersichtlicher Wege
an den Kreuzungen unseres Lebens

Sei da,
wenn wir glauben
und wenn Unglaube uns überwältigt

Segne uns
täglich mit deiner unendlichen Liebe,
in unerwarteten Situationen
und immer, wenn wir sie brauchen

TRAGE SORGE

Lass uns immer wieder furchtlos sein
und Mut beweisen

Wecke Aufbruch in uns,
packe einen Rucksack, der nicht zu schwer zum Tragen ist

Mit Broten, die nähren
und Wasser, das Durst stillt

Lass uns tollkühn Gedanken
für eine zukunftsfähige Erde umsetzen

Auf Wegen mit Stein und Geröll,
besohle die Schuhe geschickt

Lege liebevoll deine Hand
auf die Schulter der schwer Tragenden

Trage sorgend Nöte von Notleidenden
und sei Begleitung auf allen Wegen

Schenke uns Mut,
spendiere frischen Lebenstrunk

Überrasche mit kreativen Ideen
und reiche uns immer wieder die Hand

DENKE FRIEDEN

Schenke Frieden,
wenn Herzen sich entzweien

Verbinde Herzen,
wenn Fluchtgedanken Frieden hindern

Verhindere Fluchtgedanken,
wenn Ehrlichkeit der Schlüssel ist

Schenke Ehrlichkeit,
wenn aus Lüge Verirrung wächst

Verbinde Menschen,
wenn Wege ins Chaos führen

Verhindere Ordnung,
wenn Chaos die Chance zu echtem Frieden ist

Schenke Vertrauen,
wenn Not einen Lebensweg behindert

Verbinde Wege,
wenn Not zu Fülle werden kann

Verhindere Reichtum,
wenn Armut das Leben auf den Punkt bringt

Schenke Frieden,
ehrlich und verbindlich

Schenke Frieden,
verbindend und klar

Schenke Frieden,
unkonventionell und göttlich

FRIEDEN DEN ERHITZTEN GESICHTERN

Schenke Frieden
den erhitzten Gesichtern

Schenke Mut
den unterdrückten Seelen

Schenke Kraft
den verantwortenden Köpfen

Schenke Optimismus
den verzweifelten Herzen

Schenke Standkraft
den verängstigten Gemütern

Schenke Achtsamkeit
den übergriffigen Händen

Schenke Frieden
den Menschen

BEGEISTERUNG IN GEISTLOSEN ZEITEN

Segne uns mit Armut,
so können wir lernen,
Überheblichkeiten abzulegen

Sei uns Begleiterin,
so gelingt immer wieder
ein reflektorischer Blick auf unser Tun

Beginne in uns
das Wunder der Wandlung,
verwirre uns und schenke Irritation

Schenke Armen
den aufrechten Gang
durch demutsarme Gefilde

Schenke Reichen
den Blick ins reale Leben
zur Gewinnung von Einsicht

Verbinde uns
in unserer Vielfallt
zu sinngebendem Miteinander

Schaffe Raum und Zeit
und Hoffnung und Handeln
für eine gerechte Welt

Segne uns
mit Begeisterung
in geistlosen Zeiten

RUACH, SEGNE UNS

Ruach,
sei uns Lebensatem in allen Dingen

Ströme in uns,
stärke uns mit deiner Geistkraft

Lass uns ausatmen
Gedanken des Unmutes,
befreie uns von unnötigem Gewicht

Lass uns einatmen
die Farben der Vielfalt

Hauche uns ein
deine salzige Brise,
würze unser Dasein

Atem Gottes,
umwehe uns mit deinem sanften Wind,
dass wir unser Menschsein spüren
in Begrenzung und Weite

Lebensatem,
durchdringe uns
in Liebe

Ruach,
segne uns

GESCHENKTES GLÜCK

Schenke Augen,
die gerne
im guten Sinn ein Auge zudrücken

Schenke Füße,
die sich trauen,
unbekannte Wege zu gehen

Schenke eine Nase,
die sensibel ist,
für guten und schlechten Geruch

Schenke Hände,
die es lieben,
schmutzig und rissig und gebraucht zu sein

Schenke einen Magen,
der sich wehrt,
wenn Ungesundes Einkehr hält

Schenke Haare,
die sich nicht zu schade sind,
auch mal zu Berge zu stehen

VERZEICHNIS ALLER TEXTE

Tod und Unendlichkeit

Sei gesegnet

Schlagwortregister